Tobias Kador

**Lexikon des Direktionsrechts**

Tobias Kador

**Lexikon des Direktionsrechts**

Schriftenreihe - Arbeitsrecht Band 2

© 2005 Alle Rechte vorbehalten

RKW - Verlag

Düsseldorfer Straße 40
65760 Eschborn

RKW-Nr. 1488
ISBN 3-89644-236-8

Layout: RKW, Eschborn
Druck: Druck Partner Rübelmann, Hemsbach

# Inhaltsverzeichnis

**Vorwort**     **9**

| | | |
|---|---|---|
| **I)** | **Grundzüge des Direktionsrechts** | **11** |
| 1) | Definition und Inhalt | 12 |
| 2) | Rechtsquellen und Grenzen | 13 |
| | A) Billiges Ermessen und seine Grenzen | 14 |
| | B) Grenzen aus der Natur des Arbeitsverhältnisses | 15 |
| | C) Direktionsrecht bei Hauptleistungspflichten | 15 |
| | D) Bestandsschutz | 15 |
| | E) Konkretisierung durch betriebliche Übung | 16 |
| | F) Selbstbindung | 17 |
| | G) Gleichbehandlung | 17 |
| | H) Notsituationen | 18 |
| 3) | Ausübung des Direktionsrechts | 19 |
| 4) | Direktionsrecht in der Arbeitnehmerüberlassung | 19 |
| 5) | Gestaltungsüberlegungen – Direktionsrecht | 20 |
| 6) | Betriebsverfassungsrecht – Mitbestimmungsrechte | 20 |
| 7) | Direktionsrecht im Bundesangestelltentarifvertrag (BAT) | 22 |
| 8) | Rechtsfolge und Sanktionen | 22 |
| 9) | Rechtsschutz, Antrag und Berufung | 25 |
| **II)** | **Lexikon des Direktionsrechts** | **27** |
| 1) | Abordnung | 27 |
| 2) | Abrufarbeitsverhältnis | 28 |
| 3) | Akkordlohn | 29 |
| 4) | Alkoholverbot | 30 |
| 5) | Anpassungsklausel – Chefarztvertrag | 30 |
| 6) | Arbeitsbereitschaft | 31 |
| 7) | Arbeitsort | 32 |
| 8) | Arbeitsschutz | 33 |
| 9) | Arbeitstage/Woche | 33 |
| 10) | Arbeitsverhinderung | 33 |
| 11) | Arbeitszeit | 34 |
| 12) | Arbeitszeit – werktäglich | 37 |
| 13) | Arbeitszimmer | 38 |

| | | |
|---|---|---|
| 14) | Auslandseinsatz | 38 |
| 15) | Außerdienstliches Verhalten | 38 |
| 16) | Auszubildende | 39 |
| 17) | Bereitschaftsdienst | 39 |
| 18) | Betriebsferien | 40 |
| 19) | Betriebsgruppe | 41 |
| 20) | Betriebsverlegung | 42 |
| 21) | Dienstkleidung | 43 |
| 22) | Dienstplan | 44 |
| 23) | Dienstreisen | 45 |
| 24) | Dienstwagennutzung | 45 |
| 25) | Einsatzwechseltätigkeit | 46 |
| 26) | Hausmeister | 46 |
| 27) | Heiligabend (Vorfeiertage) | 46 |
| 28) | Hilfsarbeiter | 47 |
| 29) | Hochschulassistenten | 48 |
| 30) | Jugendschutz | 48 |
| 31) | Kirchliche Treuepflichten | 49 |
| 32) | Kontrollschaffner | 49 |
| 33) | Konzernleihe | 50 |
| 34) | Kopftuch | 51 |
| 35) | Kraftfahrer | 51 |
| 36) | Kurzarbeit | 52 |
| 37) | Leidensgerechter Arbeitsplatz | 53 |
| 38) | Lenkzeiten | 54 |
| 39) | Mehrarbeit | 54 |
| 40) | Mitarbeiterversammlung | 55 |
| 41) | Morgengebet | 55 |
| 42) | Mutterschutz | 56 |
| 43) | Nachtarbeit | 57 |
| 44) | Nebenarbeiten | 59 |
| 45) | Rauchverbot | 59 |
| 46) | Redakteur | 60 |
| 47) | Reinigungskraft | 60 |
| 48) | Rotation zur Fortbildung | 61 |
| 49) | Rufbereitschaft | 61 |
| 50) | Ruhepausen | 62 |
| 51) | Ruhezeit | 63 |
| 52) | Schulungsveranstaltungen | 64 |

| | | |
|---|---|---|
| 53) | Schwerbehinderte Menschen | 64 |
| 54) | Sommer- und Winterzeit | 65 |
| 55) | Sommer- und Winterarbeitszeit | 65 |
| 56) | Sonn- und Feiertage | 65 |
| 57) | Streikbruch | 66 |
| 58) | Tätigkeiten BAT | 66 |
| 59) | Tätigkeitsbild | 67 |
| 60) | Tätigkeitszuweisung | 67 |
| 61) | Tätigkeitszuweisung höherwertige Tätigkeit | 68 |
| 62) | Tätigkeitszuweisung minderwertige Tätigkeit | 70 |
| 63) | Technischer Zeichner | 71 |
| 64) | Teilzeitarbeit | 72 |
| 65) | Überstunden/Arbeitszeitkonto | 73 |
| 66) | Umsetzung | 75 |
| 67) | Umsetzung - Belegschaftsstreit | 76 |
| 68) | Untersuchungspflicht | 76 |
| 69) | Urlaub | 77 |
| 70) | Versetzung | 81 |
| 71) | Wochenarbeitszeit | 82 |
| **III)** | **Vertragsklauseln und Inhaltskontrolle** | **84** |
| 1) | Tätigkeitsklauseln – allgemein | 85 |
| 2) | Tätigkeitsklauseln – minderwertig / höherwertig | 86 |
| 3) | Anpassungsklauseln/Entwicklungsklauseln | 86 |
| 4) | Versetzungsklauseln | 87 |
| 5) | Abordnungsklausel | 87 |
| 6) | Arbeitszeitklausel | 87 |
| 7) | Überstundenklausel | 88 |
| 8) | Schriftformklauseln | 88 |
| 9) | Vertragsstrafenklausel | 89 |
| 10) | Schadensersatzklausel – pauschaliert | 89 |

**Abkürzungsverzeichnis**     **90**

**Literaturverzeichnis**     **91**

**Zum Autor**     **95**

# Vorwort

Das vorliegende Buch wendet sich an den Betriebspraktiker und damit gleichermaßen an Arbeitgeber wie Arbeitnehmer, aber auch an Betriebsratsmitglieder und alle anderen, die sich schnell und schlagwortartig über die Direktionsrechte eines Arbeitgebers in einem Arbeitsverhältnis informieren wollen. Das Buch eignet sich weniger zum Durchlesen. Es stellt vielmehr das Direktionsrecht in Grundzügen und anhand alphabetisch geordneter Schlagwörter vor, mithilfe derer der Leser gezielt seine Fragen beantworten kann. Das Lexikon dient damit als Nachschlagewerk. Ergänzend zu der Behandlung der Schlagworte wird auf die einschlägigen gesetzlichen Vorschriften verwiesen, Hinweise insbesondere zu kündigungsrelevanten Fragen werden gegeben, die Rechtsprechungshinweise laden zur vertieften Beschäftigung ein und Mustervertragsklauseln ergänzen die Möglichkeiten zur Vertragsgestaltung.

Der Verfasser         Januar 2005

## I) Grundzüge des Direktionsrechts

Je mehr zwischen den Vertragsparteien eines Arbeitsverhältnisses geregelt ist, desto eingeschränkter ist regelmäßig das Direktionsrecht des Arbeitgebers, desto eher lässt sich aber auch der Arbeitsvertrag betriebsbedingt kündigen.

Die arbeitsvertragliche Gestaltung des Direktionsrechts kann auf zweierlei Wegen gewährleistet werden:

1. im Arbeitsvertrag werden hinsichtlich des Direktionsrechts keine Schranken aufgebaut oder
2. das Direktionsrecht wird zwar bezüglich seiner Bezugspunkte geregelt und damit regelmäßig beschränkt, aber der Arbeitsvertrag (i.ü. aber auch ein einschlägiger Tarifvertrag) sieht Bereichsausnahmen vor – so genannte Öffnungsklauseln.

Das Direktionsrecht umschreibt plakativ das einseitige Recht des Arbeitgebers, die Inhalte des Arbeitsverhältnisses zu seinem Mitarbeiter festzulegen. Folgende Begriffe finden Verwendung zur Umschreibung des Rechts:

- Direktionsrecht
- Weisungsbefugnis
- Leistungsbestimmungsrecht

Das Direktionsrecht ist Ausfluss der Weisungsabhängigkeit des Arbeitnehmers. Ob eine Weisungsabhängigkeit besteht, ist wiederum eine Frage der Vertragsauslegung. Sofern zwischen den Beteiligten eine selbständige Tätigkeit vereinbart ist (regelmäßig als Werkvertrag), ist der Auftraggeber nicht berechtigt, detailliert vorzugeben, wie, wann und wo der Auftragnehmer die Arbeit zu erledigen hat. Wird das Vertragsverhältnis trotzdem von Weisungen bestimmt, die über das Weisungsrecht eines Werkbestellers hinausgehen (§ 645 BGB), handelt es sich regelmäßig um eine scheinselbständige Tätigkeit, die lohnsteuer- und sozialabgabenpflichtig ist. Diese Verpflichtung trifft auch und vorrangig den Arbeitgeber.

## 1) Definition und Inhalt

Die Leitentscheidung des BAG lautet:

1. Aufgrund seines Weisungsrechts (Direktionsrechts) kann der Arbeitgeber einseitig die im Arbeitsvertrag nur rahmenmäßig umschriebene Leistungspflicht des Arbeitnehmers nach Zeit, Ort und Art der Leistung näher bestimmen. Er kann auch einen Wechsel in der Art der Beschäftigung vorschreiben oder den Arbeitsbereich verkleinern.

2. Seine Grenzen findet das Weisungsrecht in den Vorschriften der Gesetze, des Kollektiv- und des Einzelarbeitsvertragsrechts; es darf nur nach billigem Ermessen ausgeübt werden.

**BAG**, *Urteil vom 27. März 1980, Az.: 2 AZR 506/78*

Die Leitsätze der Entscheidung erfassen den Kern des Weisungsrechts nach Inhalt und Grenzen. Der Inhalt des Direktionsrechts ist durch drei Aspekte abschließend geprägt:

- Zeit
- Art
- Ort

Das Direktionsrecht überlässt es dem Arbeitgeber, einseitig die Leistungsmodalitäten zu bestimmen. Diesem umfassenden Recht steht jedoch eine hohe gesetzliche und tarifvertragliche Regelungsdichte gegenüber. Der Maßstab der gerichtlichen Überprüfung der Grenzen des Direktionsrechts ist naturgemäß umfassender als bei übereinstimmender Leistungsbestimmung.

| Einseitig | Beidseitig |
|---|---|
| Direktionsrecht | Abschluss Änderungsvertrag |
| Vertragliche Änderungs- u. Widerrufsvorbehalte (Öffnungsklauseln) | Änderung und Neuabschluss Tarifvertrag |
| Änderungskündigung | Änderung und Neuabschluss Betriebsvereinbarung |

Tabelle 1: Gestaltungsmittel zur Bestimmung und Beeinflussung der Arbeitspflichten

**Hinweis**
Die Änderungskündigung ist gegenüber dem Direktionsrecht stets nachrangig. Sie ist unverhältnismäßig, wenn die Änderung der Arbeitsbedingungen auf einfachere Weise erfolgen kann.

## 2) Rechtsquellen und Grenzen

Zentrale Vorschrift zur Regelung des Weisungsrechts ist § 106 GewO – Weisungsrecht des Arbeitgebers:

> Der Arbeitgeber kann Inhalt, Ort und Zeit der Arbeitsleistung nach billigem Ermessen näher bestimmen, soweit diese Arbeitsbedingungen nicht durch den Arbeitsvertrag, Bestimmungen einer Betriebsvereinbarung, eines anwendbaren Tarifvertrages oder gesetzliche Vorschriften festgelegt sind. Dies gilt auch hinsichtlich der Ordnung und des Verhaltens der Arbeitnehmer im Betrieb. Bei der Ausübung des Ermessens hat der Arbeitgeber auch auf Behinderungen des Arbeitnehmers Rücksicht zu nehmen.

Sowohl § 106 GewO als auch die Leitentscheidung des BAG ziehen die Grenzen des Direktionsrechts. Anweisungen, die gesetzlichen Bestimmungen, Tarifverträgen oder dem Arbeitsvertrag zuwiderlaufen, sind unwirksam. Sämtliche arbeitsrechtlichen Vorschriften folgen dem Gedanken des Arbeitnehmerschutzes und beschränken das Direktionsrecht. Auf die Bedeutung der einschlägigen Gesetze wird im Zusammenhang mit dem jeweiligen Schlagwort eingegangen. Die einschlägigen Tarifverträge sowie etwaige Betriebsvereinbarungen sind individuell zu berücksichtigen.

| Rechtsgrundlagen | Grenzen |
|---|---|
| § 106 GewO – Arbeitgeber kann Inhalt, Ort und Zeit der Arbeitsleistung näher bestimmen | Billiges Ermessen |
| § 6 II GewO – Erfasst werden alle Arbeitnehmer | Arbeitsvertrag – bietet Möglichkeit, alle Elemente des Direktionsrechts individuell zu regeln und den Anforderungen des Arbeitsverhältnisses anzupassen |

| | |
|---|---|
| § 9 S. 2 BBiG – spezielles Weisungsrecht des Ausbilders | Tarifvertrag – insbesondere BAT |
| § 29 I SeemG – Anweisungen sind Folge zu leisten | Gesetze |
| § 315 BGB – Bestimmungsrecht einer Partei – ist durch § 106 GewO ersetzt worden | Betriebsvereinbarungen |
| | Sonstige Grenzen:<br>- Natur des Arbeitsverhältnisses,<br>- Hauptleistungspflicht,<br>- Bestandsschutz,<br>- Konkretisierung,<br>- Selbstbindung,<br>- Gleichbehandlung. |

Tabelle 2: Rechtsgrundlagen des Direktionsrechts und seine Grenzen

## A) Billiges Ermessen und seine Grenzen

Für die Billigkeitsprüfung ergibt sich folgendes Prüfungsschema:

- Die Maßnahme muss an sich und konkret der Billigkeit entsprechen – das ist regelmäßig der Fall, wenn die Maßnahme im betrieblichen Interesse ist,
- das Interesse des Arbeitnehmers ist zu berücksichtigen – insbesondere die private Lebensführung,
- die Grundrechte des Arbeitnehmers sind zu berücksichtigen – Meinungsfreiheit, Glaubensfreiheit, allgemeines Persönlichkeitsrecht,
- Abwägung – Gesamtbetrachtung der Interessen von Arbeitgeber und Arbeitnehmer,
- Grenze: Willkür oder Schikane (Überstunden nur bei einem Arbeitnehmer).

*BAG, Urteil vom 24. April 1996, Az.: 5 AZR 1032/94 (Grundsätzlich sind Vereinbarungen, die dem Arbeitgeber das Recht zur einseitigen Änderung einzelner Arbeitsbedingungen einräumen, zulässig. Nur wenn wesentliche Elemente des Arbeitsvertrages der einseitigen Änderung durch den Arbeitgeber unterliegen mit der Folge, daß das bisherige Gleichgewicht des Vertrages, also die Verhältnisse von Leistung und*

*Gegenleistung grundlegend gestört werden, wird die Grenze des gesetzlichen Schutzes gegen Änderungskündigungen überschritten.)*

## B) Grenzen aus der Natur des Arbeitsverhältnisses

Eine Grenze des Direktionsrechts ergibt sich aus der besonderen Art des Arbeitsverhältnisses. Dort, wo der Grundgedanke des Arbeitsverhältnisses eine fachlich weisungsfreie Tätigkeit erfordert, ist ein Direktionsrecht des Arbeitgebers eingeschränkt – hiervon erfasst sind alle freien Berufe und damit namentlich folgende Berufsbilder:

- Rechtsanwälte
- Ärzte
- Wissenschaftler
- Amtsvormunde

## C) Direktionsrecht bei Hauptleistungspflichten

Das Direktionsrecht findet naturgemäß seine Grenze dort, wo es um die Hauptleistungspflicht des Arbeitgebers – die Lohnzahlung – geht. Die Höhe der Vergütung entzieht sich der einseitigen Festsetzung durch den Arbeitgeber. Hier kommt nur die Änderungskündigung in Betracht, deren Wirksamkeit sich nach §§ 1, 2 KSchG richtet. Sofern die Leistungsbestimmung sich auf Änderungen von Aspekten bezieht, die sich indirekt auf die Hauptleistungspflicht des Arbeitgebers auswirken, so ist diese ebenfalls regelmäßig unzulässig. Dies gilt namentlich für die Arbeitszeit, die einseitig nicht zulasten des Arbeitnehmers verändert werden darf. Gleiches gilt, wenn einem Mitarbeiter eine höherwertige Tätigkeit →ohne Lohnangleichung zugewiesen wird.

## D) Bestandsschutz

Das Arbeitsverhältnis ist geprägt durch die Treuepflicht des Arbeitnehmers und die Fürsorgepflicht des Arbeitgebers. Ein Arbeitnehmer genießt in einem Arbeitsverhältnis regelmäßig Bestandsschutz. Der Bestandsschutz garantiert dem Arbeitnehmer, dass der Kern seiner Tätigkeit unangetastet bleibt, weil und soweit der Arbeitsvertrag eine konkrete Tätigkeitsverpflichtung festschreibt. Daraus resultiert:

- keine dauerhafte Absenkung des Niveaus der Arbeitsleistung,
- keine Zuweisung einer minderwertigen Tätigkeit,
- keine Änderung des gesamten Sozialbildes (vom Büro ins Lager).

## E) Konkretisierung durch betriebliche Übung

**Konkretisierung**
bedeutet die Verdichtung der geschuldeten Tätigkeit auf den bisherigen Leistungsinhalt aufgrund langjähriger Handhabung und dem schutzwürdigen Vertrauen des Arbeitnehmers auf deren Beibehaltung.

Eng verbunden mit dem Bestandsschutz ist die Konkretisierung einer arbeitsvertraglichen Verpflichtung. Die Tätigkeit eines Arbeitnehmers kann sich durch betriebliche Übung konkretisiert haben. Vom Bestandsschutz unterscheidet sich die Konkretisierung durch die Beschränkung des Direktionsrechts aufgrund von Umständen, die erst im Verlaufe des Arbeitsverhältnisses auftreten. Der Bestandsschutz besteht bereits von Anfang an. Die Konkretisierung beschränkt das Direktionsrecht, wenn folgende Elemente vorliegen:

- Zeitmoment
- Umstandsmoment

Allein die Zeitdauer (langjährig) einer ausgeübten Tätigkeit führt nicht zur Konkretisierung auf eine bestimmte Arbeitspflicht. Es müssen darüber hinaus für den Arbeitnehmer erkennbar besondere Umstände hinzutreten. Der Arbeitnehmer muss zu der berechtigten Annahme gelangen, dass er künftig nur noch zu bestimmten Bedingungen beschäftigt wird. Das Umstandsmoment der Konkretisierung ist dabei stets eine Einzelfallentscheidung, bei der alle Umstände in einer Gesamtbetrachtung abzuwägen sind. Umstände für eine Konkretisierung der Art der Tätigkeit sind unter anderem:

- Erteilung von Vollmachten,
- Zusätzlich spezifische Ausbildung und Qualifikationen im Einverständnis des Arbeitgebers absolviert bzw. erworben,
- Gehaltserhöhungen,
- Übertragung von Führungsaufgaben.

Die Konkretisierung kann durch eine qualifizierte Schriftformklausel verhindert werden.

**Musterklausel**
Qualifizierte Schriftformklausel (auch doppelte oder konstitutive Schriftformklausel).

Mündliche Nebenabreden zu diesem Vertrag existieren nicht. Änderungen oder Ergänzungen dieses Vertrags bedürfen zu ihrer *Wirksamkeit* der Schriftform. Eine mündliche Änderung der Schriftformklausel ist nichtig.

**BAG**, *Urteil vom 24. Januar 2001, Az.: 5 AZR 411/99 (1. Eine Konkretisierung des Arbeitsvertrags erfordert über die langjährige Handhabung hinaus zusätzliche Umstände, die ein schutzwürdiges Vertrauen des Arbeitnehmers auf Beibehaltung des bisherigen Leistungsinhalts für die Zukunft begründen. 2. Umfaßt der vertragliche Anspruch des Arbeitnehmers nicht alle tatsächlich erreichten Arbeitsaufgaben, konnten ihm einzelne Aufgaben einseitig vom Arbeitgeber entzogen werden, ohne seinen Arbeitsvertrag zu verletzen.)*

**BAG**, *Urteil vom 24. Juni 2003, Az.: 9 AZR 302/02 (Eine doppelte Schriftformklausel, nach der Ergänzungen des Arbeitsvertrags der Schriftform bedürfen und eine mündliche Änderung der Schriftformklausel nichtig ist, schließt den Anspruch auf eine üblich gewordene Leistung aus.)*

### F) Selbstbindung

Mit der Konkretisierung eng verwandt ist die Selbstbindung des Arbeitgebers. Der Arbeitgeber kann sich bei der Ausübung des Direktionsrechts durch Erklärungen gegenüber dem Arbeitnehmer selbst binden, so zum Beispiel, wenn er einem Arbeitnehmer eine höherwertige Tätigkeit unter der Bedingung der fachlichen Bewährung überträgt. In diesem Falle ist eine Rückstufung auf die ursprüngliche arbeitsvertragliche minderwertige Tätigkeit gegen den Willen des Arbeitnehmers unzulässig, sofern der Mitarbeiter sich bewährt hat.

**BAG**, *Urteil vom 17. Dezember 1997, Az.: 5 AZR 332/96 (1. Der Arbeitgeber kann sich bei der Ausübung des Direktionsrechts durch Erklärungen gegenüber dem Arbeitnehmer selbst binden, insbesondere die Ausübung auf bestimmte Fälle beschränken. 2. Überträgt der Arbeitgeber dem Arbeitnehmer vorläufig eine höherwertige Aufgabe und macht er die Übertragung auf Dauer nur davon abhängig, daß sich der Arbeitnehmer fachlich bewährt, so darf er dem Arbeitnehmer die höherwertige Aufgabe nicht aus anderen Gründen wieder entziehen.)*

### G) Gleichbehandlung

Der Arbeitgeber muss bei der Gestaltung des Arbeitsverhältnisses auch die Grundsätze der Gleichbehandlung berücksichtigen. Er darf ohne sachlichen Grund einzelne Arbeitnehmer nicht von betrieblichen Regelungen ausnehmen. Dies gilt in der Regel allerdings nur bei allgemeinen Dienstvorschriften, die der Arbeitgeber für alle Mitarbeiter oder eine abgrenzbare Gruppe von Arbeitnehmern aufstellt. Individuelle Weisungen gegenüber einzelnen Arbeitnehmern orientieren sich naturgemäß an der betrieblichen Notwendigkeit. Namentlich bei folgenden allgemeinen Dienstanweisungen ist der Gleichheitsgrundsatz zu berücksichtigen:

- Anordnung von Mehrarbeit, Überstunden, Nacht- und Feiertagsarbeit
- Torkontrollen
- Rauchverbot
- Kurzarbeit
- Alterszeitrabatten

## H) Notsituationen

Ausnahmsweise erlauben besondere Umstände, die für den Arbeitgeber eine Notsituation darstellen, eine Erweiterung des Direktionsrechts. Die Rechtmäßigkeit der Ausübung des Direktionsrechts in Notsituationen ist gebunden an drei grundsätzliche Erwägungen:

- nur vorübergehende Zuweisung einer anderen Tätigkeit / nicht dauerhaft,
- überraschend eintretendes Ereignis, nicht planbare Betriebsabläufe,
- betrieblich notwendig.

Namentlich in Betracht kommen folgende Beispiele:

- Krankheitsvertretung,
- betriebsnotwendige Stilllegung eines Betriebs,
- Arbeitszeitspitzen (z.B. infolge von überraschenden Neuaufträgen).

Zur Absicherung solcher Notsituationen bieten sich einschlägige Öffnungsklauseln im Arbeitsvertrag an, die sich beziehen können:

- auf die Tätigkeit,
- auf die Leistung von Überstunden und
- auf die Versetzung oder Abordnung an einen örtlich anderen Arbeitsplatz.

Der Gesetzgeber hat in § 14 ArbZG eine einschlägige exemplarische Regelung für die Arbeitszeit in Notsituationen geschaffen.

## 3) Ausübung des Direktionsrechts

Fragen zur Ausübung des Direktionsrechts:

1. Was ist das Direktionsrecht? Eine einseitig empfangsbedürftige Willenserklärung. Der Arbeitgeber muss den Arbeitnehmer von der Direktive in Kenntnis setzen.
2. Wie übt der Arbeitgeber das Direktionsrecht aus? Formfrei!
3. Wer übt das Direktionsrecht aus? Der Arbeitgeber, bei juristischen Personen dessen Organ (Geschäftsführer, Vorstand). Die Delegation auf sonstige Vorgesetzte ist auch in der unteren Leitungsebene möglich.
4. Wer ist Adressat? Grundsätzlich der Arbeitnehmer – § 613 BGB. Arbeitsleistung ist höchstpersönlicher Rechtsnatur und nur ausnahmsweise übertragbar. Die Anweisung kann erfolgen durch:
   - konkrete Arbeitsanweisung – situationsbedingt und individuell an einen bestimmten Arbeitnehmer oder
   - generell an alle Mitarbeiter durch Sammelverfügung (Rauchverbot).

## 4) Direktionsrecht in der Arbeitnehmerüberlassung

Das Vertragsverhältnis besteht zwischen Leiharbeitnehmer und dem Verleiher, unmittelbar vertragliche Beziehungen zwischen dem Entleiher und dem Leiharbeitnehmer bestehen nicht. Zwar ist gemäß § 613 BGB die Arbeitsleistung eine höchstpersönliche, die nicht übertragbar ist. Der Arbeitgeber kann das Direktionsrecht daher ohne Zustimmung des Arbeitnehmers auf einen anderen Arbeitgeber nicht übertragen. Bei der Leiharbeit erschöpft sich das Verhältnis zwischen dem Arbeitnehmer und dem entleihenden Betrieb aber nicht in rein faktischer Art. Der Arbeitnehmer wird hier gerade mit seinem Einverständnis im Betrieb des Entleihers eingegliedert, sein Einverständnis wird daher auch im Hinblick auf die Übertragung des Direktionsrechts unterstellt. Dem Entleiher steht folglich das gesamte Direktionsrecht zur Seite. Um seine Betriebsabläufe entsprechend planen zu können, wird der Leiharbeitnehmer wie die eigenen Mitarbeiter behandelt. Auch etwaige Betriebsordnungen gelten für den Leiharbeitnehmer.

## 5) Gestaltungsüberlegungen – Direktionsrecht

Die Regelung des Direktionsrechts im Arbeitsvertrag folgt einigen grundsätzlichen Überlegungen, die es bei der Gestaltung des Arbeitsvertrags und bei der Ausübung des Direktionsrechts immer zu berücksichtigen gilt:

- Je weiter das Direktionsrecht, desto schwieriger gestaltet sich eine betriebsbedingte Kündigung (betriebsbedingter Kündigungsgrund, Weiterbeschäftigung und Sozialauswahl orientiert sich an der Reichweite des Direktionsrechts),
- je enger das Direktionsrecht, desto enger sind auch die Entwicklungschancen des Arbeitnehmers im Unternehmen,
- formularmäßig vereinbartes Weisungsrecht unterliegt der Inhaltskontrolle über die Allgemeinen Geschäftsbedingungen ( § 310 IV 2 BGB i.V.m. §§ 307 ff BGB) – bei Unwirksamkeit der Klausel fehlt die Möglichkeit einer geltungserhaltenden Reduktion; es treten dann die gesetzlichen Vorschriften an die Stelle der Klausel,
- langer vorbehaltloser Einsatz kann zur Konkretisierung und damit Beschränkung des Direktionsrecht führen,
- unter Umständen beeinträchtigt ein zu weites Direktionsrecht die Motivation eines Arbeitnehmers,
- Regelungsgrenzen und Regelungschancen des Direktionsrechts im Arbeitsvertrag werden durch Tarifvertrag und Betriebsvereinbarung zusätzlich beeinflusst.

## 6) Betriebsverfassungsrecht - Mitbestimmungsrechte

Das Direktionsrecht wird wesentlich durch das allgemeine Mitbestimmungsrecht des Betriebsrats im Sinne von § 87 BetrVG und das Mitbestimmungsrecht bei personellen Einzelmaßnahmen im Sinne von § 99 flankiert. § 87 sieht im Wesentlichen für das Direktionsrecht bedeutsame Mitbestimmungsrechte vor:

- Ordnung des Betriebs (Ziff. 1) – so genannte Betriebsordnungen (Rauchverbot u.a.),
- Beginn und Ende der täglichen Arbeitszeit, Pausen und Verteilung der wöchentlichen Arbeitszeit (Ziff. 2) →Dienstplan,

- Vorübergehende Verkürzung oder Verlängerung der Arbeitszeit (Ziff. 3),
- Regelungen über die Verhütung von Arbeitsunfällen (Ziff. 7),
- Gruppenarbeit (Ziff.13).

Diese Mitbestimmungsrechte sind allerdings betriebsbezogen und greifen daher nur dann, wenn der Arbeitgeber die Aspekte insgesamt für alle Arbeitnehmer regeln will, nicht aber bei Einzelanweisungen. Das Mitbestimmungsrecht ist zwingend und kann durch eine Einigungsstelle geregelt (§ 87 II BetrVG) und arbeitsgerichtlich erzwungen werden. Bei personellen Einzelmaßnahmen ist hingegen § 99 BetrVG einschlägig. Namentlich bei der Versetzung ist der Arbeitgeber verpflichtet, den Betriebsrat entsprechend zu informieren und dessen Zustimmung einzuholen. Ergänzt wird die Vorschrift durch § 103 BetrVG bei einer angestrebten Versetzung von Mitgliedern des Betriebsrats und den weiteren geschützten Personen. Den Begriff der Versetzung greift § 95 III 1 BetrVG auf und definiert ihn als Zuweisung eines anderen Arbeitsbereichs:

- deren Dauer einen Monat überschreitet oder
- die mit einer erheblichen Änderung der Umstände verbunden ist, unter denen die Arbeit zu leisten ist (Entzug wesentlicher Teile der arbeitsvertraglichen Aufgaben).

Verweigert der Betriebsrat die Zustimmung aus den in § 99 II BetrVG benannten Gründen, kann der Arbeitgeber das Zustimmungsersetzungsverfahren im Sinne von § 99 IV BetrVG beim Arbeitsgericht einleiten. Das Zustimmungserfordernis im Sinne von § 103 III BetrVG ist an den besonderen Umstand geknüpft, ob die genannte Person durch die Versetzung ihr Amt oder ihre Wählbarkeit verliert. Auch hier eröffnet § 103 II, III 2 BetrVG dem Arbeitgeber bei der Weigerung des Betriebsrats, die Zustimmung zu erteilen, das Zustimmungsersetzungsverfahren. Das Zustimmungserfordernis entfällt bei Zustimmung des Arbeitnehmers.

## 7) Direktionsrecht im Bundesangestelltentarifvertrag (BAT)

Sofern in einem Arbeitsverhältnis des öffentlichen Dienstes der BAT Anwendung findet, beeinflußt dieser das Direktionsrecht vielfältig. Das Direktionsrecht wird in folgenden Vorschriften teilweise eröffnet, konkretisiert und gegenüber anderen vertraglichen und gesetzlichen Vorschriften modifiziert:

- § 7 BAT – Ärztliche Untersuchung
- § 8 BAT – Allgemeine Pflichten
- § 12 BAT – Versetzung, Abordnung, Zuweisung
- § 15 BAT – regelmäßige Arbeitszeit
- § 16 BAT – Arbeitszeit an Samstagen und Vorfesttagen
- § 17 BAT – Überstunden
- § 23 a BAT – Bewährungsaufstieg
- § 24 BAT – vorübergehende Ausübung einer höherwertigen Tätigkeit
- § 52 BAT – Arbeitsbefreiung

## 8) Rechtsfolge und Sanktionen

Sofern dem Arbeitgeber ein Direktionsrecht zur Seite steht und dieser die Weisung in zulässiger Weise erteilt hat, ist der Arbeitnehmer verpflichtet, dieser Folge zu leisten. Der Arbeitnehmer darf sie weder in Frage stellen, noch selbständig abändern. Die dahinter liegende unternehmerische Entscheidung des Arbeitgebers ist verfassungsrechtlich durch Art. 12, 14 GG garantiert. Weigert sich der Arbeitnehmer, die Weisung auszuführen, kann dies zur Folge haben:

- Verlust des Lohnanspruchs,
- arbeitgeberseitiges Recht zur Abmahnung, zur ordentlichen und außerordentlichen Kündigung,
- gegebenenfalls Schadensersatzansprüche,
- gegebenenfalls Vertragsstrafe (sofern vereinbart).

Namentlich Schadensersatzansprüche und Ansprüche aus einer Vertragsstrafenregelung sind häufig Gegenstand von Formularklauseln (→Vertragsklauseln) des Arbeitsvertrages. Als solche unterliegen sie der Inhaltskontrolle der §§ 307 ff BGB und hier namentlich:

- § 309 Nr. 5 BGB bei einer Klausel zum pauschalierten Schadensersatzanpruch
- § 309 Nr. 6 BGB bei einer Vertragsstrafenklausel.

Dabei sind die Besonderheiten des Arbeitsrechts zu beachten (§ 310 IV BGB). Auf dieser Grundlage sind Vertragsstrafenregelungen auch nach Inkrafttreten der Inhaltskontrolle für Arbeitsverträge zulässig, sofern die Vertragsstrafenhöhe angemessen ist. Das richtet sich nach den Kriterien des Einzelfalls, ist aber maßgeblich beeinflusst vom dahinter stehenden wirtschaftlichen Interesse des Arbeitgebers und darf darüber nicht hinausgehen. Da die Vertragsstrafenregelungen regelmäßig das fristlose Auflösen des Arbeitsverhältnisses durch das Verschulden des Arbeitnehmers regeln, darf maximal der Lohnanspruch bis zum Abwarten der ordentlichen Kündigungsfrist in Ansatz gebracht werden. Bei kurzfristigen Arbeitsverhältnissen mit einem Monat Kündigungsfrist bietet sich daher regelmäßig ein Bruttomonatsgehalt als maximale Vertragsstrafe an. Bei pauschalierten Schadensersatzansprüchen hingegen muss eine Regelung aufgenommen werden, die es dem Arbeitnehmer ermöglicht, einen geringeren Schadensersatz darzulegen.

### Vertragsstrafenklausel

Zwischen den Parteien gilt eine Vertragsstrafe in Höhe eines Bruttomonatsentgelts als vereinbart, wenn der Arbeitnehmer das Arbeitsverhältnis nicht antritt oder sich von ihm vertragswidrig löst. Die Kündigung vor Dienstantritt ist vertraglich ausgeschlossen. Für die Dauer der vereinbarten Probezeit beträgt die Kündigungsfrist zwei Wochen. Die Geltendmachung eines weitergehenden Schadens bleibt vorbehalten.

### Klausel pauschalierter Schadensersatz

Der Arbeitnehmer verpflichtet sich zur korrekten Ausführung seiner ihm aufgetragenen Arbeiten. Bei Nichteinhaltung bzw. bei fahrlässigem Verhalten, ist der Arbeitgeber berechtigt, den ihm durch das Arbeitsverhalten begründeten Schaden dem Arbeitnehmer in Rechnung zu stellen und in der darauf folgenden Gehaltsabrechnung in Abzug zu bringen. Für den Verlust oder die Beschädigung von Gegenständen leistet der Arbeitnehmer einen Schadensersatz bis zu einem Betrag von 200,- €. Die Geltendmachung eines weitergehenden Schadens bleibt vorbehalten. Der Arbeitnehmer ist befugt, einen niedrigeren Schaden darzulegen.

> **Hinweis**
> Eine Klausel zum pauschalierten Schadensersatz wird nicht allein durch die Bezeichnung als Vertragsstrafe zur Vertragsstrafenklausel. Der pauschalierte Schadensersatz ist von der Vertragsstrafe (§§ 339 ff BGB) zu unterscheiden. Soll in erster Linie die Erfüllung der Hauptverbindlichkeit gesichert werden, so handelt es sich um eine Vertragsstrafe. Bezweckt die Vertragsklausel lediglich die Durchsetzung eines als bestehend vorausgesetzten Anspruchs und dient damit nur der Erleichterung im Hinblick auf die Schadenshöhe, so liegt eine Schadenspauschale vor.

Das Risiko eines Rechtsirrtums im Hinblick auf die Rechtmäßigkeit einer Weisung liegt beim Arbeitnehmer. Weigert sich der Arbeitnehmer, einer dienstlichen Anweisung Folge zu leisten und kündigt der Arbeitgeber, so ist eine infolgedessen ausgesprochene Kündigung nicht allein deshalb rechtswidrig, weil der Arbeitnehmer rechtsirrig von der Unzulässigkeit der Weisung ausgegangen ist. Zur Überprüfung einer dienstlichen Weisung steht dem Arbeitnehmer alternativ immer der arbeitsgerichtliche Rechtsschutz offen. Sofern die Weisung rechtswidrig und daher unwirksam ist, ergeben sich folgende Konsequenzen:

- Leistungsverweigerungsrecht (partiell im Hinblick auf die Weisung),
- Lohnzahlungsanspruch aus Gesichtspunkten des Annahmeverzugs (§ 615 BGB),
- Erscheinungspflicht des Arbeitnehmers zwecks Klärung der Situation.

Sofern der Arbeitnehmer einer unwirksamen Weisung über einen längeren Zeitraum unwidersprochen Folge leistet, ist eine stillschweigende Zustimmung zum Abschluss eines Änderungsvertrages in Betracht zu ziehen. Auch hier müssen neben einem reinen Zeitmoment weitere Umstände treten.

**BAG**, *Urteil vom 04. März 2004, Az.: 8 AZR 196/03 (In einem Arbeitsvertrag kann grundsätzlich eine Vertragsstrafe vereinbart werden. Die-*

se ist aber unzulässig, wenn sie den Arbeitnehmer unangemessen benachteiligt. Das ist der Fall, wenn für die vorzeitige Beendigung des Arbeitsverhältnisses eine Vertragsstrafe in Höhe eines vollen Monatsgehalts festgesetzt wird, während die Kündigungsfrist nur zwei Wochen beträgt. Das hat die Unwirksamkeit der Strafvereinbarung zur Folge. Das Gericht kann die unangemessene Vertragsstrafe nicht herabsetzen.)

**LAG Köln,** Urteil vom 28. Januar 2004, Az.: 8 Sa 1084/03 (Das Direktionsrecht steht dem Arbeitgeber nur im Rahmen der getroffenen arbeitsvertraglichen Vereinbarungen zu. Weigert sich ein Arbeitnehmer, einer Anordnung des Arbeitgebers Folge zu leisten, die das Direktionsrecht überschreitet, liegt keine (beharrliche) Arbeitsverweigerung vor, die eine Kündigung aus verhaltensbedingten Gründen rechtfertigen könnte.)

## 9) Rechtsschutz, Antrag und Berufung

Die vertragliche Regelung des Direktionsrechts, ebenso wie die praktische Ausübung des Leistungsbestimmungsrechts birgt die Gefahr der unangemessenen Benachteiligung des Arbeitnehmers. Ob die beiderseitigen Interessen durch die arbeitgeberseitige Ausübung des Direktionsrechts angemessen berücksichtigt sind, unterliegt daher der gerichtlichen Kontrolle. Arbeitnehmer und Arbeitgeber können einen entsprechenden Antrag stellen. Zuständig sind die Arbeitsgerichte. Der Antrag kann als positiver oder negativer Feststellungsantrag gemäß § 256 ZPO oder auch als Leistungsantrag gestellt werden. Der Antrag ist nicht fristgebunden; die Drei-Wochen-Frist des § 4 KSchG gilt auch nicht analog. Ein Beispiel für einen Feststellungsantrag kann wie folgt lauten:

> Es wird festgestellt, dass der Kläger (nicht) verpflichtet ist, die Weisung (... durch Datum und Inhalt näher zu konkretisieren ...) zu befolgen.

Ausnahmsweise ist ein Leistungsantrag denkbar, wenn es dem Kläger beispielsweise um eine vertraglich vereinbarte Tätigkeit geht, während er durch den Arbeitgeber weisungswidrig mit einer anderen Tätigkeit betraut ist:

> Der Beklagte wird verurteilt, den Kläger als (... durch Beschreibung den Inhalt bzw. Ort der Tätigkeit näher zu konkretisieren ...) zu beschäftigen.

Antragsberechtigt sind sowohl Arbeitnehmer als auch Arbeitgeber. Allerdings wird ein Antrag des Arbeitgebers seltener in Betracht zu ziehen sein, da dem Arbeitgeber mit der Abmahnung und der Kündigung scharfe Sanktionsmittel zur Seite stehen. Sofern der Arbeitnehmer nicht nur eine bestimmte Weisung angreift, sondern sich allgemein gegen seinen Arbeitseinsatz wehrt, ist es seine Sache, konkrete Vorstellungen über die Möglichkeit der Beschäftigung zu äußern. Die konkrete Vorstellung muss dann auch Niederschlag im Antrag bei Gericht finden. Die Interessenabwägung im Sinne von § 106 GewO unterliegt der vollen gerichtlichen Kontrolle. Die Beweislast für das billige Ermessen trifft den Arbeitgeber.

**Hinweis**
Das Verfahren kann bei Eilbedürftigkeit auch im Rahmen der einstweiligen Verfügung im Sinne von §§ 935, 940 ZPO durchgeführt werden.

Der Antrag ist ein vermögensrechtlicher Streitgegenstand, der Antrag aber regelmäßig kein bezifferter oder bezifferbarer. Wohl aber ist die Nähe zum Bestand des Arbeitsverhältnisses gegeben – bei missachteter Weisung drohen Abmahnung und Kündigung. Der Streitwert eines möglichen Verfahrens richtet sich daher am Bruttomonatsverdienst des Arbeitnehmers aus und dürfte diesen regelmäßig nicht überschreiten, es sei denn, der Arbeitnehmer wird hierdurch besonders belastet, wie es bei einer Versetzung regelmäßig denkbar ist. Hilfsweise ist der in Regelstreitwert von 4.000,- Euro angemessen. Da es sich um einen vermögensrechtlichen Streitgegenstand handelt, ist es für eine Berufung erforderlich, dass der Streitwert von 600,-€ überschritten wird – § 64 II lit. b ArbGG.

**Hinweis**
Sofern eine Änderung der Vertragsbedingungen durch einseitiges Direktionsrecht unzulässig ist, steht dem Arbeitgeber nur noch die Möglichkeit der Änderungskündigung offen. Die Rechtmäßigkeit richtet sich nach den Vorschriften der §§ 1, 2 KSchG.

**BAG**, Beschluß vom 28. September 1989, Az.: 5 AZB 8/89 (Bei einem Streit darüber, ob der Arbeitnehmer berechtigt ist, bestimmte ihm zugewiesene Arbeiten zu verweigern, handelt es sich um eine vermögensrechtliche Streitigkeit im Sinne von § 64 Abs. 2 ArbGG.)

## II) Lexikon des Direktionsrechts

Die Darstellung des Direktionsrechts erfolgt in Schlagwörtern, ergänzt um arbeitsvertragliche Musterklauseln, soweit diese üblich sind. Im Anschluss daran wird die einschlägige Rechtsprechung, soweit vorhanden, vorgestellt und die einschlägigen Vorschriften genannt; eingeschlossen der Regeln aus dem BAT und dem BetrVG. Der Schlagwortkatalog unterscheidet im Interesse der Handhabung nicht mehr zwischen den systematisch unterschiedlichen Aspekten des Direktionsrechts:

- Tätigkeitsart
- Ort
- Zeit

Teilweise kommt es bei verschiedenen Begriffen zur Überschneidung mit anderen Aspekten des Direktionsrechts (z.B. bei der Versetzung). Welchem systematischen Teilaspekt des Direktionsrechts ein Schlagwort zuzuordnen ist, ergibt sich aus der Natur der Sache beziehungsweise aus der Definition, die im Bedarfsfalle vorab zur Orientierung gegeben wird. Sofern es Besonderheiten bei der Bestimmung von →Nebentätigkeiten kraft Direktionsrechts bei einzelnen Berufsgruppen gibt, findet sich die jeweilige Berufsbezeichnung als Schlagwort im Katalog wieder. Gleiches gilt für sogenannte arbeitsbegleitende Anweisungen, die dem Betriebsablauf dienen und in verschiedener Form zum Ausdruck kommen können (Bsp. Rauchverbot, Dienstkleidung etc).

### 1) Abordnung

**Abordnung**
bedeutet die individualrechtliche, einseitige, vorübergehende Zuweisung des Mitarbeiters an einen anderen Arbeitsplatz, die mit der wesentlichen Änderung der Tätigkeit nach Ort, Art und Umfang verbunden ist.

Die Abordnung ist ein Spezialfall des § 12 BAT und unterscheidet sich von der →Versetzung durch seine nur vorübergehende Natur der Zuweisung einer anderen Tätigkeit. Ihre Rechtmäßigkeit außerhalb des Anwendungsbereichs des BAT richtet sich nach den Grundsätzen der

Zulässigkeit der Versetzung. Sofern eine solche zulässig ist, ist es die Abordnung wegen des vorübergehenden Charakters erst recht. Denkbar ist darüber hinaus, dass die Abordnung in Notfallsituationen aufgrund betrieblicher Notwendigkeiten dort zulässig ist, wo eine Versetzung rechtswidrig wäre.

**Vorschrift: § 12 BAT**

**BAG,** *Urteil vom 11. Juni 1992, Az.: 6 AZR 218/91 (1. Ein Schulhausmeister kann verpflichtet werden, während der Schulferien in Vertretung beurlaubter Schulhausmeister benachbarte Schulen desselben Schulbezirks vorübergehend mitzubetreuen. 2. Die dies anordnende Entscheidung des Arbeitgebers ist eine Abordnung im Sinne des § 12 BAT.)*

**BAG,** *Urteil vom 24. Januar 1973, Az.: 4 AZR 104/72 (Die Abordnung eines Angestellten ist diesem gegenüber eine im Direktionsrecht des Arbeitgebers wurzelnde einseitige Maßnahme. Es ist der Gesamtheit der erkennbaren Umstände zu entnehmen, ob eine Tätigkeit nach dem bei ihrer Übertragung zum Ausdruck gekommenen Willen des Arbeitgebers für die Dauer oder nur vorübergehend übertragen werden soll.)*

**ArbG Bielefeld,** *Urteil vom 30. April 2003, Az.: 3 Ca 408/03 (Die vorherige Anhörung des Arbeitnehmers nach § 12 Abs. 1 S. 2 BAT ist Wirksamkeitsvoraussetzung einer Versetzung oder Abordnung nach § 12 Abs. 1 S. 1 BAT.)*

## 2) Abrufarbeitsverhältnis

**Abrufarbeitsverhältnis**
ist ein Arbeitsverhältnis, bei dem die Parteien eine bedarfsabhängige variable Arbeitszeit vereinbart haben.

Solche Abrufarbeitsverhältnisse sind in zwei Formen denkbar:
- Vereinbarung eines Arbeitszeitkontingents im Voraus für einen bestimmten Zeitraum, verbunden mit der Möglichkeit für den Arbeitgeber, die Lage der Arbeitszeit auf Abruf zu bestimmen.
- Vereinbarung ohne Arbeitszeitkontingent, verbunden mit der Möglichkeit für den Arbeitgeber, die Lage, Dauer und Umfang der Arbeitszeit auf Abruf zu bestimmen.

§ 12 I TzBfG sieht für die Vereinbarung eines solchen Abrufarbeitsverhältnisses nur die Kontingentvariante vor. Der Arbeitgeber kann über das Zeitdeputat in den Grenzen des Arbeitszeitgesetzes frei verfügen. Treffen die Parteien keine Vereinbarung über die wöchentliche Mindestarbeitszeit, so ist eine Arbeitszeit von 10 Wochenstunden zugrunde zu legen. Die Variante ohne Arbeitszeitkontingent hingegen ist regelmäßig deshalb unzulässig, weil und soweit der Arbeitgeber die Stundenzahl auf null reduzieren kann und damit das unternehmerische Risiko von Arbeit gänzlich auf den Arbeitnehmer abwälzt.

**Vorschrift: § 12 TzBfG**

***LAG Köln**, Urteil vom 07. Dezember 2001, Az.: 11 (6) Sa 827/01 (Die arbeitsvertragliche Vereinbarung eines Abrufarbeitsverhältnisses, die eine arbeitszeitabhängige Vergütung vorsieht aber keinen Arbeitszeitumfang, mithin den Arbeitgeber berechtigen soll, die Arbeitszeit bis auf Null zu reduzieren, ist unzulässig. Dies führte jedenfalls bis zum Inkrafttreten des BeschFG dazu, eine Vertragsarbeitszeit zu fingieren, die anhand der tatsächlich praktizierten Durchführung des Arbeitsverhältnisses zu berechnen ist.)*

## 3) Akkordlohn

### Akkordlohn
liegt dann vor, wenn die Vergütung nach dem Arbeitsergebnis berechnet wird.

Arbeitnehmer, die für einen Akkordlohn eingestellt worden sind, können auch mit Zeitlohntätigkeiten betraut werden. Allerdings hat der Arbeitgeber dafür Sorge zu tragen, dass der Mitarbeiter mit dem Akkorddurchschnitt vergütet wird. Andernfalls käme die Ausübung eines solchen Direktionsrechts der Reduzierung des Arbeitslohns gleich, die sich jeder einseitigen Beschneidung durch den Arbeitgeber entzieht.

***LAG Düsseldorf**, Urteil vom 21. Juli 1970, Az.: 8 Sa 34/70 (Der Arbeitgeber kann keinen im Zeitlohn arbeitenden Arbeitnehmer auf einen anderen Arbeitsplatz versetzen, auf dem dann der Arbeitnehmer weniger Lohn erzielt als früher. Der Arbeitgeber kann auch den Akkordarbeiter von einer Arbeit an die andere umsetzen, sofern Arbeiten der gleichen Lohngruppe bei gleichem Ecklohn in Rede stehen.)*

***ArbG Regensburg***, *Urteil vom 17. Dezember 1990, Az.: 6 Ca 683/90 L (1. Der Arbeitgeber kann einem Arbeitnehmer, der für Akkordarbeiten eingestellt ist, auch Zeitlohntätigkeiten zuweisen. 2. Die Zeitlohnarbeiten sind - vorbehaltlich einer besonderen Vereinbarung - grundsätzlich mit dem Akkorddurchschnitt zu vergüten.)*

## 4) Alkoholverbot

Die Einführung eines Alkoholverbots ist vom Direktionsrecht erfasst, muss aber wegen des Grundsatzes auf Gleichbehandlung regelmäßig als Generalsanweisung an alle Belegschaftsmitglieder ausgesprochen werden und unterliegt daher auch der Mitbestimmung des Betriebsrats gemäß § 87 I Nr. 1 BetrVG.

**Vorschrift: § 87 BetrVG**

## 5) Anpassungsklausel – Chefarztvertrag

Eine einseitige Verringerung der Bezüge ist regelmäßig nicht vom Direktionsrecht gedeckt. Etwas anderes gilt allerdings, wenn im Arbeitsvertrag eine entsprechende Anpassungsklausel – auch sogenannte Entwicklungsklausel – aufgenommen ist. Deren Wirksamkeit richtete sich vor dem 31.12.2002 nach dem Billigkeitsmaßstab und nach diesem Zeitpunkt nach den Vorschriften über die allgemeinen Geschäftsbedingungen – §§ 305 ff BGB. Zulässig ist eine solche Klausel im Rahmen der allgemeinen Inhaltskontrolle gemäß § 307 BGB, wenn sie zu keiner unangemessenen Benachteiligung des Arbeitnehmers führt. Sofern Arbeitnehmer in Spitzenpositionen mit entsprechenden Gehältern beschäftigt werden, ist regelmäßig eher von der Angemessenheit und damit von der Wirksamkeit auszugehen als bei Arbeitnehmern mit durchschnittlicher Entlohnung. Hier stellt eine Anpassungsklausel regelmäßig eine unangemessene Benachteiligung dar. Durchgesetzt hat sich die Anpassungsklausel in Chefarztverträgen.

**Anpassungsklausel/Entwicklungsklausel**

(1) Der Krankenhausträger kann sachlich gebotene organisatorische Änderungen im Benehmen mit der Direktion und dem leitenden Arzt vornehmen.

(2) Der Krankenhausträger hat das Recht, nach dem objektiv vorliegenden Bedarf selbständige Abteilungen neu einzurichten oder abzutrennen und dafür weitere leitende Ärzte einzustellen sowie die Bettenzahl dann zu beschränken, wenn die Betten nicht nur vorübergehend leer stehen.

**BAG**, Urteil vom 28. Mai 1997, Az.: 5 AZR 125/96 (Die für Chefarztverträge typischen Entwicklungs- und Anpassungsklauseln sind wirksam. Die Ausübung des Weisungsrechts aufgrund einer Entwicklungsklausel darf jedoch nicht zu einer grundlegenden Störung des Gleichgewichts zwischen Leistung und Gegenleistung und damit zu einer Umgehung des zwingenden Kündigungsschutzrechts führen. Arbeitnehmer in Spitzenpositionen mit entsprechenden Verdiensten müssen Änderungen ihrer Arbeitsbedingungen und eine Verringerung ihrer Bezüge aufgrund wirksamer vertraglicher Anpassungsklauseln eher hinnehmen als der durchschnittliche Arbeitnehmer mit durchschnittlicher Vergütung.)

**BAG**, Urteil vom 13. März 2003, Az.: 6 AZR 557/01 (Regelt ein Chefarztvertrag, daß der Krankenhausträger sachlich gebotene organisatorische Änderungen im Benehmen mit einem leitenden Arzt vornehmen und selbständige Abteilungen bei objektiv vorliegendem Bedarf neu einrichten kann, unterliegen die dem Änderungsbedarf zugrunde liegenden Prognosen einer eingeschränkten gerichtlichen Kontrolle. Zu überprüfen ist, ob der Krankenhausträger eine auf die konkrete Situation des Krankenhauses bezogene Bedarfsprognose erstellt hat, die Inhalt und Umfang der angestrebten Änderungen sachlich rechtfertigt.)

## 6) Arbeitsbereitschaft

**Arbeitsbereitschaft**
ist die Zeit, die ein Arbeitnehmer für den Arbeitgeber im Betrieb ableistet, ohne aktiv seiner Verpflichtung zur Arbeitsleitung nachzukommen, aber jederzeit bereit ist, in den Arbeitsprozess einzugreifen.

Die Anordnung von Arbeitsbereitschaft ist im Rahmen der übrigen gesetzlichen Regelungen des Arbeitszeitgesetzes prinzipiell zulässig. Diese vom Arbeitgeber angeordnete Art der Arbeitsleistung ist als Arbeitszeit im Sinn von § 3 ArbZG zu qualifizieren und daher als solche grundsätzlich auch voll zu vergüten. Sofern ein einschlägiger Tarif- oder Arbeitsvertrag lediglich eine gegenüber dem Arbeitslohn geringere Abgeltung vorsieht, so ist dies zulässig. Die Arbeitsbereitschaft kann sogar pauschal abgegolten werden. Die Arbeitsbereitschaft ist gesetzlich anerkannt und findet in § 7 I Nr. 1ArbZG Erwähnung. Diese Vorschrift eröffnet dem Arbeitgeber die Möglichkeit, auch über 10 Stunden werktäglich einen Arbeitnehmer arbeiten zu lassen, sofern er in einem Tarifvertrag oder einer hierauf basierenden Betriebsvereinbarung hierzu ermächtigt wird und in der Arbeitszeit regelmäßig in erheblichem Umfang Arbeitsbereitschaft oder Bereitschaftsdienst zu absolvieren ist.

Besondere Erscheinungsformen der Arbeitsbereitschaft sind:
- →Bereitschaftsdienst
- →Rufbereitschaft

## 7) Arbeitsort

Der Arbeitsvertrag kann eine Vorschrift ausweisen, aus dem sich der Arbeitsort ergibt.

### Musterklausel Arbeitsort

Die Arbeitnehmerin wird für ...(Name der Einrichtung / Arbeitsort) eingestellt.

oder

Dienstort ist (Name des Orts).

In einem solchen Fall ist das Direktionsrecht auf den Einsatz des Mitaberbeiters auf diesen räumlichen Bereich beschränkt. Eine →Versetzung ist in diesem Fall ausgeschlossen. Teilweise finden sich aber auch Klauseln in Arbeitsverträgen, wonach ein Mitarbeiter für den „Bereich eines Ortes X eingestellt ist". Eine solche Klausel ist auszulegen und zeitigt im Ergebnis keine Beschränkung des Direktionsrechts. Kraft Auslegung ist zu ermitteln, dass die Parteien einen bestimmten Ort für die Einstellung gewählt haben, aber keine Beschränkung hinsichtlich der künftigen Verwendung eines Arbeitnehmers vereinbart wurde.

**BAG**, *Beschluß vom 26. Juni 2002, Az.: 6 AZR 50/00 (Zur Auslegung eines Arbeitsvertrages hinsichtlich der Frage, an welchem Ort die Arbeitsleistung zu erbringen ist – im Bereich eines Ortes X eingestellt ist.)*

## 8) Arbeitsschutz

Gemäß § 15 ArbSchG haben alle Beschäftigten die Pflicht, Weisungen des Arbeitgebers zur Gewährleistung der Sicherheit Folge zu leisten. Nach § 16 ArbSchG müssen die Beschäftigten unmittelbar drohende erhebliche Gefahren melden und den Betriebsarzt sowie die Fachkraft für Arbeitssicherheit bei der Erfüllung ihrer Aufgaben unterstützen. Der Arbeitgeber hat zur Sicherung des Arbeitsschutzes ein entsprechend weit reichendes Direktionsrecht. Das Arbeitsschutzrecht ist geregelt im Arbeitsplatzschutzgesetz, im Arbeitschutzgesetz und im Arbeitssicherheitsgesetz. Zentrale Bedeutung nimmt dabei das Arbeitsschutzgesetz (ArbSchG) ein. Das ArbSchG gilt für alle Beschäftigten, einschließlich der Auszubildenden. Zentraler Zweck des Gesetzes ist die Verhütung von Arbeitsunfällen und Berufskrankheiten.

**Vorschriften: §§ 15, 16 ArbSchG**

## 9) Arbeitstage/Woche

Der gesetzliche Normalfall ist die 6 Tage-Woche; vgl. § 3 II BUrlG. Ein Arbeitseinsatz auch am Samstag ist folglich vom Direktionsrecht erfasst. Die Vergütung folgt den üblichen arbeitsvertraglichen Vereinbarungen.

## 10) Arbeitsverhinderung

Bei Arbeitsverhinderung aus persönlichen Gründen nach § 616 BGB endet das Direktionsrecht. Der Arbeitgeber ist nicht berechtigt, Arbeit anzuordnen, wenn der Mitarbeiter aus wichtigen persönlichen Gründen an der Arbeitsleistung gehindert ist. Der Arbeitnehmer behält seinen Vergütungsanspruch, sofern die Voraussetzungen des § 616 BGB vorliegen. Solche wichtigen persönlichen Gründe können z.B. sein:

- besondere familiäre Ereignisse (z.B. Hochzeit, Todesfälle, Geburten, Kommunion oder Konfirmation der Kinder),
- schwere Erkrankung naher Angehöriger (insbesondere der Kinder),
- Ladungen zu Behörden oder Gerichten.

Ebenfalls ist der Arbeitnehmer freizustellen für die Stellensuche – § 629 BGB. Der Anspruch auf Fortzahlung der Vergütung bei persönlicher

Arbeitsverhinderung kann durch Arbeitsvertrag, Betriebsvereinbarung oder Tarifvertrag erweitert, eingeschränkt oder ganz ausgeschlossen werden. In Tarifverträgen sind häufig weitere Einzelheiten zur Arbeitsverhinderung geregelt.

**Vorschriften: §§ 616, 629 BGB**

## 11) Arbeitszeit

**Arbeitszeit**
ist die Zeitspanne, während der der Arbeitnehmer – auch wenn er nicht arbeitet – seine Arbeitskraft dem Arbeitgeber zur Verfügung stellen muss und umfasst die Zeit von Anfang bis Ende der Arbeit ohne die →Ruhepausen.

Die Arbeitszeit der Arbeitnehmer ist in nahezu allen Tarifverträgen geregelt. Darüber hinaus treten noch flankierend Vorschriften aus dem Bürgerlichen Gesetzbuch (§§ 616, 629 BGB) und aus dem BAT. Neben tarifvertraglichen Bestimmungen prägt insbesondere das Arbeitszeitgesetz (ArbZG) den zeitlichen Einsatz. Dabei stellt § 7 ArbZG klar, dass eine spezielle tarifvertragliche Regelung nur dort zur Anwendung kommt, wo das ArbZG ausdrücklich vorsieht, dass eine Regelung tarifdispositiv ist. Insoweit stellt § 7 ArbZG gleichzeitig die Voraussetzungen hierfür auf. Das Arbeitszeitgesetz ist auf alle Arbeitnehmer anzuwenden, eingeschlossen sind die Auszubildenden – § 2 II ArbZG. Ziel und Regelungsgehalt des Gesetzes ist die Gewährleistung der Sicherheit und des Gesundheitsschutzes des Arbeitnehmers. Das Gesetz dient aber auch der Flexibilisierung der Arbeitszeiten. Das Arbeitszeitgesetz basiert im Wesentlichen auf europäischem Recht; namentlich der „Arbeitszeitrichtlinie" 93/104/EG über bestimmte Aspekte der Arbeitszeitgestaltung vom 23.11.1993. Die Richtlinie 2000/34/EG änderte die Arbeitszeitrichtlinie in der Weise, dass die ursprünglich von der Anwendung ausgenommenen „Ärzte in der Ausbildung" zusammen mit anderen, ursprünglich ebenfalls ausgeklammerten Berufsgruppen in den Geltungsbereich der Arbeitszeitrichtlinie einbezogen wurden. Ab dem 02.08.2004 gilt die Arbeitszeitrichtlinie in Gestalt einer redaktionellen Überarbeitung, nämlich als Richtlinie 2003/88/EG vom 04.09.2003. Inhaltliche Änderungen sind mit dieser letzten Überarbeitung nicht verbunden. Die Richtlinie enthält eine Reihe von Mindestschutzbestimmungen:

- →Bereitschaftsdienst = Arbeitszeit
- →Ruhezeiten
- →Ruhepausen
- 48 Stunden als →Wochenarbeitszeit

Diese Mindeststandards sind vom EuGH mehrfach bestätigt worden. Die Festlegung der Arbeitszeit betrifft das originäre Interesse des Arbeitgebers. Es obliegt regelmäßig dem Arbeitgeber, die tägliche Lage und die Länge der Arbeitszeit kraft des Direktionsrechts festzulegen. Über diese Aspekte finden sich daher regelmäßig keine oder nur grobe Angaben im Arbeitsvertrag. Etwas anderes gilt in der Regel nur für das Wochenstundenvolumen.

**Musterklausel: Arbeitszeit**
1. Die regelmäßige Arbeitszeit beträgt durchschnittlich ... Stunden/Woche. Dies entspricht einem Beschäftigungsgrad von ... % der regulären Arbeitszeit.
2. Der Durchschnitt der regelmäßigen Arbeitszeit errechnet sich über einen Zeitraum von jeweils drei Monaten, ausgehend vom Beschäftigungsbeginn.

Die vertraglich vereinbarte Arbeitszeit kann nicht einseitig geändert werden. Mit ihr einher geht grundsätzlich die Veränderung der Vergütung. Diese Pflicht ist eine Hauptleistungspflicht. Die einseitige Änderung entzieht sich der Befugnis des Arbeitgebers.

| Thema | Vorschrift |
| --- | --- |
| Definition der Arbeitszeit | § 2 ArbZG |
| Werktägliche Arbeitszeit/Überstunden | § 3 ArbZG |
| Ruhepausen | § 4 ArbZG |
| Ruhezeit | § 5 ArbZG |
| Nacht- und Schichtarbeit | § 6 ArbZG |
| Sonn- und Feiertage | §§ 9, 10, 11 ArbZG |
| Mehrarbeit | §§ 14 ArbZG |
| Freistellung aus besonderen Anlässen | § 616 BGB |
| Freistellung bei Stellensuche | § 629 BGB |

Tabelle 3: Normen Arbeitszeit

**BAG,** Urteil vom 26. Juli 2001, Az.: 6 AZR 434/99 (Weist der Arbeitgeber den Arbeitnehmer bei Abschluß des Arbeitsvertrags oder bei Übertragung einer anderen Tätigkeit auf eine für den Arbeitsbereich des Arbeitnehmers geltende betriebliche Regelung über Zeit und Ort des Beginns und Endes der täglichen Arbeit hin, wird die zu diesem Zeitpunkt bestehende betriebliche Regelung nicht Inhalt des Arbeitsvertrags. Das Direktionsrecht des Arbeitgebers hinsichtlich der Festlegung von Ort und Zeit der Arbeitsleistung wird dadurch nicht eingeschränkt. Dies gilt auch, wenn die bei Vertragsschluß bestehende betriebliche Regelung über längere Zeit hinweg beibehalten wird und der Arbeitgeber von seinem Direktionsrecht insoweit keinen Gebrauch macht. Dadurch allein tritt weder eine Konkretisierung der Arbeitspflicht ein, noch entsteht eine entsprechende betriebliche Übung).

**LAG Berlin,** Urteil vom 29. April 1991, Az.: 9 Sa 9/91 (Mangels einer eindeutigen, arbeitsvertraglichen Regelung ist der Arbeitgeber im Rahmen seines Direktionsrechtes befugt, die Lage der Arbeitszeit, einseitig anderweitig festzulegen (Wechsel von Nacht- zu Tagarbeit).)

**Hessisches LAG,** Urteil vom 19. August 2003, Az.: 13/12 Sa 1476/02 (Der Arbeitgeber kann die Erteilung einer Nebentätigkeitsgenehmigung verweigern, wenn die angestrebte Nebentätigkeit zwingend die Änderung des Arbeitsvertrages dahin erfordert, dass der Arbeitnehmer völlig frei über Arbeitszeit und Arbeitsumfang disponieren kann.)

**Hessisches LAG,** Urteil vom 05. Dezember 2002, Az.: 5 SaGa 1623/02 (1. Das dem Arbeitgeber zustehende Direktionsrecht, die Lage der Arbeitszeit zu bestimmen, kann auch dann eingeschränkt sein, wenn der Arbeitsvertrag ausdrücklich keine Regelung hinsichtlich der Arbeitszeit des Arbeitnehmers enthält. 2. Danach hat eine Krankenschwester einen Anspruch auf Arbeit ausschließlich in der Nacht, wenn sich bei Berücksichtigung der Erfordernisse von Treu und Glauben und der Erforschung des wirklichen Willens der Arbeitsvertragsparteien gemäß den §§ 133, 157 BGB ergibt, dass die Arbeitnehmerin allein zur Ableistung von Nachtdiensten eingestellt wurde und die Parteien den Arbeitsvertrag in diesem Verständnis auch mehr als zehn Jahre lang praktiziert haben.)

**LAG Hamm,** Urteil vom 28. Juli 2003, Az.: 8 Sa 1493/02 (Bedarf es zur Änderung der Arbeitszeit keiner Änderungskündigung, erfolgt diese vielmehr auf der Grundlage des arbeitsvertraglichen Direktionsrechts, so muss der Arbeitgeber nach den Grundsätzen des billigen Ermessens i.S.d. § 315 BGB prüfen, welchem der Arbeitnehmer die Änderung am ehesten zuzumuten ist. Familiäre Belange, wie die notwendige Betreuung von minderjährigen Kindern, sind dabei zu berücksichtigen.)

**LAG Köln**, Urteil vom 26. Juli 2002, Az.: 11 Ta 224/02 (1. Das Direktionsrecht umfasst auch das Recht, die Lage der Arbeitszeit einseitig zu ändern, insbesondere den Wechsel von der Nacht- zur Tagarbeit anzuordnen - auch dann, wenn in der Vergangenheit jahrelang anderweitig verfahren wurde. In der jahrelangen Praxis ist grundsätzlich kein Verhalten des Arbeitgebers zu finden, das den Schluss erlaubt, er wolle sich vertragsrechtlich binden. 2. Ein konstitutives Schriftformerfordernis für Vertragsänderungen und -ergänzungen verhindert das Entstehen einer betrieblichen Übung.)

**LAG Niedersachsen**, Urteil vom 08. März 2004, Az.: 5 Sa 989/03 (Wird keine konkrete Arbeitszeit vereinbart und liegen auch keine konkretisierenden betrieblichen oder tariflichen Regelungen vor, gilt als zu leistende Arbeitszeit die übliche Arbeitszeit im Betrieb.)

## 12) Arbeitszeit – werktäglich

§ 3 ArbZG regelt die täglich höchstzulässige Arbeitszeit. Danach darf der Arbeitnehmer maximal 8 Stunden pro Werktag beschäftigt werden. Der Begriff der Arbeitszeit umfasst den Beginn der tatsächlichen Arbeitsleistung bis zu deren Ende. Nicht einbezogen werden gRuhepausen. Die werktägliche Arbeitszeit darf der Arbeitgeber kraft Direktionsrecht ausschöpfen und deren Lage nach den betrieblichen Notwendigkeiten frei verteilen. Allerdings werden Arbeitszeiten bei mehreren Arbeitgebern zusammengerechnet. Daher hat ein Arbeitgeber grundsätzlich zu prüfen, ob die werktägliche Arbeitszeit überschritten wird, wenn er einem Arbeitnehmer eine Nebentätigkeitserlaubnis erteilt oder einen Arbeitnehmer in einer geringfügigen Beschäftigung anstellt. Der Begriff Werktag ist dabei nicht starr an den Uhrzeitgrenzen 0.00 – 24.00 Uhr festgemacht, sondern richtet sich nach dem individuellen Werktag des Arbeitnehmers und beginnt daher mit Beginn der Tätigkeit des Arbeitnehmers und endet folglich 24 Stunden danach. In diesem Zeitraum ab Beginn der Tätigkeit bis Ablauf der 24 Stunden darf die regelmäßige Arbeitszeit 8 Stunden nicht überschreiten (→Überstunden).

## 13) Arbeitszimmer

Der Arbeitnehmer hat keinen Anspruch auf ein konkretes Arbeitszimmer, der Arbeitgeber kann dem Arbeitnehmer ein anderes Arbeitszimmer zuweisen, selbst wenn dieser sich sein Arbeitszimmer individuell eingerichtet hat (Bilder, Plakate etc.). Richtet sich der Arbeitnehmer ein privates Arbeitszimmer ein, trifft den Arbeitgeber hierfür in der Regel keine Verpflichtung zur Kostenbeteiligung. Geschieht die Einrichtung jedoch im Interesse des Betriebs und auf Anordnung des Arbeitgebers – regelmäßig wegen des speziellen Berufsbildes (Außendienstmitarbeiter) – hat der Arbeitgeber sich an den Kosten zu beteiligen. Die Kosten können jedoch mit dem Gehalt bereits abgegolten sein. Das ist regelmäßig der Fall, wenn der Arbeitnehmer bereits von Beginn an zur Einrichtung eines privaten Arbeitszimmers verpflichtet ist.

## 14) Auslandseinsatz

Sofern eine →Versetzung zulässig ist, unterliegt auch der Auslandseinsatz regelmäßig dem Direktionsrecht. Hierbei endet aber das Direktionsrecht, wenn der Arbeitgeber seinen Mitarbeiter in Krisenregionen schicken will (Irak, Afghanistan u.a.). Hier dürfte wegen des erheblichen Sicherheitsrisikos die Schwelle der Zumutbarkeit regelmäßig überschritten sein; es sei denn, der Mitarbeiter ist ausdrücklich für solche Einsätze eingestellt worden.

**LAG Berlin**, *Urteil vom 14. Dezember 1981, Az.: 9 Sa 74/81 (Zu den Grenzen des Direktionsrechts des Arbeitgebers beim arbeitsvertraglich vorgesehenen Auslandseinsatz.)*

## 15) Außerdienstliches Verhalten

Das Direktionsrecht reicht grundsätzlich nicht in das außerdienstliche Verhalten des Arbeitnehmers hinein. Sofern der betriebliche Bezug fehlt, ist der Arbeitnehmer nicht an Weisungen des Arbeitgebers gebunden. Ausgenommen hiervon sind lediglich ideologisch gebundene Betriebe (Kirche, Presse) – Tendenzbetriebe. Hier schlägt das außerdienstliche Verhalten mittelbar auch auf das dienstliche durch. Insbesondere →kirchliche Treuepflichten erweitern regelmäßig das Direktionsrecht.

## 16) Auszubildende

Das Weisungsrecht des Ausbilders in einem Berufsausbildungsverhältnis ist – bedingt durch dessen Funktion und den Erziehungsgedanken – in verschiedener Art und Weise gegenüber dem Direktionsrecht in einem Arbeitsverhältnis modifiziert:

- § 6 II BBiG beschränkt die Zuweisung von Aufgaben auf solche, die dem Ausbildungszweck dienen und denen der Auszubildende körperlich gewachsen ist (Bußgeldandrohung bei Zuwiderhandlung § 99 BBiG),
- § 9 S. 2 Nr. 4 – 6 BBiG normiert spezifische Obhuts- und Treuepflichten des Auszubildenden, die ihrerseits mit entsprechenden Weisungsrechten korrespondieren (die geltende Ordnung der Ausbildungsstätte ist zu befolgen, Werkzeuge sind pfleglich zu behandeln, Geheimhaltungspflicht),
- § 9 S. 1 Nr. 3 BBiG – weisungsberechtigt sind neben dem Ausbildenden ausdrücklich auch der Ausbilder und andere weisungsberechtigte Personen.

Ein Züchtigungsrecht besteht nicht.

**Vorschriften: § 6 II, 9, 99 BBiG,**

## 17) Bereitschaftsdienst

**Bereitschaftsdienst**
liegt dann vor, wenn der Arbeitnehmer an einer vom Arbeitgeber bestimmten Stelle im Bedarfsfall jederzeit abrufbereit ist, um die Arbeit aufnehmen zu können.

Diese Form des Personaleinsatzes stellt eine besondere Form der Arbeitsbereitschaft dar. Art und Umfang des Bereitschaftsdienstes wird dabei aufgrund des Direktionsrechts vom Arbeitgeber festgelegt. Ursprünglich nicht als vergütungspflichtige Arbeitszeit eingestuft, hat der Europäische Gerichtshof den Bereitschaftsdienst unterdessen der Arbeitszeit gleichgestellt mit der Konsequenz, dass Bereitschaftszeit wie Arbeitszeit zu vergüten ist – das gilt namentlich für Krankenhauspersonal.

**Hinweis**
Die Einordnung des Bereitschaftsdienstes als Arbeitszeit wird aktuell in der Europäischen Kommission durch eine beabsichtigte weitere Änderung der Arbeitszeitrichtlinie wieder diskutiert und in Frage gestellt.

*EuGH,* Urteil vom 09. September 2003, Az.: C 151/02 (Bei einem Bereitschaftsdienst, der an einem vom Arbeitgeber bestimmten Ort geleistet wird, handelt es sich in vollem Umfang um Arbeitszeit, auch wenn der Arzt sich in der Zeit, in der er nicht in Anspruch genommen wird, an der Arbeitsstelle ausruhen darf.)

*EuGH,* Urteil vom 03. Oktober 2000, Az.: C 303/98 (zum Bereitschaftsdienst als Arbeitszeit.)

*BAG,* Beschluß vom 18. Februar 2003, Az.: 1 ABR 2/02 (Bereitschaftsdienst ist Arbeitszeit) (Die Zuordnung von Bereitschaftsdienst zur Arbeitszeit i.S.d. Art. 2 Nr. 1 Richtlinie 93/104/EG vom 23. November 1993 durch die Rechtsprechung des Europäischen Gerichtshofs ist auf die Verhältnisse in Deutschland übertragbar.)

## 18) Betriebsferien

Der Arbeitgeber kann ohne weiteres in seinem Unternehmen Betriebsferien einführen. Dem widerspricht auch nicht § 7 I BUrlG, wonach der Urlaubswunsch des Arbeitnehmers grundsätzlich dem ermessensgelenkten Direktionsrecht des Arbeitgebers entzogen ist (→Urlaub). Die Einführung hat sich aber nach den betrieblichen Bedürfnissen des Arbeitgebers auszurichten und kann nicht vollständig willkürlich gewählt werden. Außerdem darf der Zeitraum nicht den gesamten Urlaubsanspruch der Mitarbeiter umfassen, um Urlaubszeiten auch außerhalb der Betriebsferienzeiten zu gewährleisten.

**Vorschriften: §§ 7 BUrlG, 87 BetrVG**

*LAG Düsseldorf,* Urteil vom 20. Juni 2002, Az.: 11 Sa 378/02 (1. Auch wenn die Urlaubserteilung nach § 7 Abs. 1 Satz 1 BUrlG gegenüber einem einzelnen Arbeitnehmer nicht im Ermessen des Arbeitgebers gemäß § 315 Abs. 1 BGB steht, kann der Arbeitgeber in einem betriebsratslosen Betrieb Betriebsferien kraft des ihm obliegenden Direktionsrechts einführen. 2. Danach rechtswirksam eingeführte Betriebsfe-

*rien begründen dringende betriebliche Belange i.S. von § 7 Abs. 1 Satz 1 BUrlG, hinter denen die individuellen Urlaubswünsche der Arbeitnehmer - von Härtefällen abgesehen - zurückstehen müssen.)*

## 19) Betriebsgruppe

**Betriebsgruppe**
ist eine Mehrzahl von Arbeitnehmern, die jeweils einzelne Arbeitsverträge mit dem Arbeitgeber abgeschlossen haben, die auf Initiative des Arbeitgebers zusammengestellt werden, um einem nur gemeinsam zu erreichenden betrieblichen Zweck zu dienen.

Beispiele für Betriebsgruppen sind:
- Montagekolonne
- Maurerkolonne
- Putzkolonne

Die (projektbezogene) Mitarbeit in einer Betriebsgruppe kann zu spezifischen Leistungspflichten und zu besonderen Haftungsrisiken führen. In diesem Fall ist die Zuweisung in eine Arbeitsgruppe kraft Direktionsrechts unzulässig, der Arbeitgeber ist auf eine einvernehmliche Lösung mit dem Arbeitnehmer angewiesen. Auch hier kann eine entsprechende Öffnungsklausel im Arbeitsvertrag das Direktionsrecht erweitern, wenn der Arbeitgeber sich den Einsatz in einer Betriebsgruppe ausdrücklich vorbehält, beziehungsweise sich ein solcher Einsatz aus der Natur des Arbeitsverhältnisses ergibt. Das Weisungsrecht des Arbeitgebers in einer bestehenden Betriebsgruppe hat deren Belange zu beachten. Insbesondere die Zuweisung leistungsschwacher Mitarbeiter in eine Betriebsgruppe, die nach Akkord bezahlt wird, scheidet damit regelmäßig aus.

**LAG München**, *Urteil vom 30. Juni 1971, Az.: 6 Sa 236/70 N (Eine Betriebsgruppe liegt vor, wenn mehrere Arbeitnehmer kraft des den Arbeitgeber zustehenden Direktionsrechts zur Ausführung gemeinschaftlich bedingter Arbeiten zusammengefaßt werden. Eine Haftung der Mitglieder einer Arbeitskolonne kann sich grundsätzlich aus der Natur und dem Zweck der Schuldverhältnisse ergeben, ohne daß eine ausdrückliche Vereinbarung bestehen muß. Bei den Mitgliedern einer Arbeitskolonne kann grundsätzlich nicht von einem gemeinschaftlichen*

Wirken mehrerer für einen einheitlichen Erfolg gesprochen werden, da die Mitglieder der Arbeitskolonne nur die ihnen übertragenen Arbeiten in einem befriedigenden gemeinsamen Arbeitseinsatz zu leisten haben und sie nur ihre Arbeitsleistung schulden und nicht einen bestimmten Erfolg. Daher muß der Arbeitgeber die Urheberschaft der einzelnen Mitglieder der Betriebskolonne für die Entstehung eines Schadens darlegen und beweisen.)

## 20) Betriebsverlegung

Die Betriebsverlegung kann eine betriebsnotwendige Begründung für eine →Versetzung eines Arbeitnehmers liefern. Die Rechtmäßigkeit folgt der Zulässigkeit des Versetzungsrechts. Erfolgt die Betriebsverlegung innerhalb der Kommunalgrenzen, ist die Zuweisung des Arbeitnehmers an die neue Betriebsstätte zulässig, eine unwesentliche Abweichung der Arbeitsorte stellt keine →Versetzung, sondern nur eine generell zulässige →Umsetzung dar. Erfolgt die Betriebsverlegung über die Kommunalgrenzen hinweg, entscheidet die Anbindung der neuen Betriebsstätte an die bestehenden Verkehrsanbindungen. Eine Verlegung des Betriebs an entfernte Orte stellt stets eine wesentliche Veränderung der Arbeitspflichten des Arbeitnehmers dar.

> **Hinweis**
> Kündigungsrecht
> Sofern die Betriebsverlegung eine Versetzung erfordert, diese aber arbeitsvertraglich unzulässig ist, folgt aus einer Betriebsverlegung ein betriebsbedingter Kündigungsgrund. Der mögliche Vorrang einer Änderungskündigung ist stets in Erwägung zu ziehen.

**LAG Düsseldorf**, Urteil vom 06. April 1956, Az.: 4 Sa 99/56 (Mangels einer vertraglichen Regelung kann der Arbeitgeber kraft seines Direktionsrechts einen Arbeitnehmer an eine andere Betriebsstätte nur versetzen, wenn die Versetzung dem Arbeitnehmer nach Treu und Glauben zugemutet werden kann. Die Versetzung ist unzumutbar, wenn die neue Arbeitsstätte erheblich weiter vom Wohnort des Arbeitnehmers entfernt liegt oder nur unter Aufwendung erheblich höherer Fahrkosten zu erreichen ist als diejenige Arbeitsstätte, für die der Arbeitsvertrag abgeschlossen worden ist. Außerhalb seines Direktionsrechts kann der

*Arbeitgeber eine Umstellung der Arbeitsverhältnisse auf einen neuen Arbeitsort nur durch Vereinbarung oder durch Änderungskündigung erreichen.)*

## 21) Dienstkleidung

**Dienstkleidung**
ist diejenige Kleidung, die im betrieblichen Interesse anstelle der individuellen Zivilkleidung zur besonderen Kenntlichmachung zu tragen ist.

Das Direktionsrecht eröffnet dann die Möglichkeit zur Bestimmung von Dienstkleidung, wenn auf Grund des Arbeitsvertrags der Arbeitnehmer zur Übernahme der darin festgelegten Funktion innerhalb eines fremden Arbeits- oder Lebensbereichs verpflichtet ist und in denen der Arbeitgeber auf Kunden und deren Vorstellungen Rücksicht zu nehmen hat und dazu auf ein bestimmtes äußeres Erscheinungsbild seines Personals angewiesen ist. Der Arbeitnehmer schuldet hier ein Gesamtverhalten, das darauf ausgerichtet ist, nach Maßgabe der von ihm übernommenen Aufgabe die berechtigten Interessen des Arbeitgebers nicht zu schädigen und sie im Rahmen des Zumutbaren wahrzunehmen. Darin eingeschlossen ist das Tragen von Dienstkleidung. Der Arbeitnehmer ist dabei selbst verpflichtet, für die Anschaffung der Dienstkleidung zu sorgen, die Rechtsprechung geht davon aus, dass die Kosten regelmäßig bereits durch den Lohn abgedeckt sind.

**BAG**, *Urteil vom 13. Februar 2003, Az.: 6 AZR 536/01 (Dienstkleidung sind solche Kleidungsstücke, die auf Anordnung des Arbeitgebers zur besonderen Kenntlichmachung im dienstlichen Interesse während der Arbeitszeit zu tragen sind. Dieser Zweck kann durch eine Vorgabe hinsichtlich der Farbe und des Materials der während der Arbeit zu tragenden Kleidung erreicht werden.)*

**BAG**, *Urteil vom 19. Mai 1998, Az.: 9 AZR 307/96 (1. Ist der Arbeitgeber nach §§ 618, 619 BGB verpflichtet, den Arbeitnehmern aus Gründen des Gesundheitsschutzes die bei der Arbeit zu tragende Kleidung zur Verfügung zu stellen, so hat er entsprechend § 670 BGB den Arbeitnehmern die Aufwendungen zu erstatten, die sie für die Selbstbeschaffung der Kleidung für erforderlich halten durften. 2. Wird in einer*

*Kleiderordnung das Tragen einer einheitlichen Dienstkleidung vorgeschrieben und stellt der Arbeitgeber den höher vergüteten Croupiers der von ihm betriebenen Spielbank die Erstausstattung eines spielbankeinheitlichen dunkelblauen Smokings mit Accessoires zur Verfügung, so besteht kein Anspruch auf Ersatz der durch den natürlichen Verschleiß entstehenden Aufwendungen.)*

**LAG Hamm,** *Beschluß vom 07. Juli 1993, Az.: 14 Sa 435/93 (Das Tragen einer einheitlichen vom Arbeitgeber (Einzelhandelskette) kostenlos zur Verfügung gestellten Dienstkleidung, welche einem bestimmten Marketing-Konzept entspricht, aber nicht Sicherheitserfordernissen gerecht werden muß, kann eine Arbeitnehmerin in der Regel nur ablehnen, wenn sie in ihrem Persönlichkeitsrecht beeinträchtigt wird. Das kann bei einer Einschränkung der körperlichen Bewegungsfreiheit oder auch bei einer ausgesprochen ungünstigen Optik der Fall sein.)*

## 22) Dienstplan

### Dienstplan
ist die generelle und alle Mitarbeiter betreffende Arbeitszeitregelung, wann, in welcher Reihenfolge und zu welchen Zeiten die Arbeitnehmer die Arbeit zu leisten haben.

Der Arbeitgeber hat das Recht, die Arbeitszeit per Dienstplan festzulegen. Die Erstellung eines Dienstplans ist jedoch mitbestimmungspflichtig im Sinne von § 87 I Nr. 2 BetrVG.

### Vorschrift: § 87 I Nr. 2 BetrVG

**ArbG Bonn**, *Urteil vom 21. September 2000, Az.: 1 Ca 3447/99 (Der Arbeitgeber hat im Rahmen des ihm zustehenden Weisungsrechts auf Grund des Arbeitsvertrages regelmäßig einseitig die Leistungspflichten des Arbeitnehmers nach Zeit, Ort und Lage zu bestimmen. Daneben sind aber auch höherrangige Gestaltungsfaktoren zu berücksichtigen. Zu diesen Faktoren zählen insbesondere die familiären Bindungen und Verpflichtungen des Arbeitnehmers.)*

## 23) Dienstreisen

### Dienstreise
ist der Ortswechsel aus Anlass einer vorübergehenden Auswärtstätigkeit, also außerhalb der Wohnung und der regelmäßigen Arbeitsstätte.

Die Anordnung von Dienstreisen richtet sich, soweit im Arbeitsvertrag keine ausdrückliche Ermächtigung vorgesehen ist, nach dem Berufsbild. Sofern das Berufsbild eine Dienstreise erforderlich machen kann, ist deren Anordnung vom Direktionsrecht erfasst (Bsp: Außendienstler). Sofern die Dienstreisezeit nicht zur Hauptleistungspflicht des Arbeitnehmers zählt – wie bei Kraftfahrern – ist diese in Ermanglung anders lautender tarifvertraglicher Regelungen nur dann zu vergüten, wenn der Arbeitnehmer eine eigenständige Arbeitsleistung erbringt (Fahren des Pkws, Aktenstudium). Im Übrigen ist die Frage nach einem Lohnanspruch einzelfallabhängig.

### Dienstreisezeit
ist die Zeit, die der Arbeitnehmer zur Überbrückung der Distanz zwischen der Wohnung oder Betrieb und einem Tätigkeitsort außerhalb der Gemeindegrenzen braucht.

**LAG München**, Beschluß vom 26. Januar 1996, Az.: 1 (10) TaBV 1/95 *(Reisezeiten, die der Arbeitnehmer außerhalb der Arbeitszeit im Zustand der Entspannung verbringen kann, zählen nicht zur Arbeitszeit. Für solche Zeiten steht dem Betriebsrat kein Mitbestimmungsrecht zu.)*

## 24) Dienstwagennutzung

Der Arbeitgeber kann dem Mitarbeiter die Nutzung eines Dienstwagens kraft seines Direktionsrechts aufgeben. Soweit dem Mitarbeiter ein Dienstwagen zur Verfügung gestellt worden ist, kann der Arbeitgeber anordnen, dass der betroffene Mitarbeiter diesen für Dienstreisen nutzt und auch Kollegen mitnimmt.

**BAG**, Urteil vom 29. August 1991, Az.: 6 AZR 593/88 *(Ein Arbeitgeber des öffentlichen Dienstes kann kraft Direktionsrecht berechtigt sein, im Rahmen billigen Ermessens anzuordnen, daß ein Verwaltungsangestellter auf Dienstreisen einen Dienstwagen selbst führt und Kollegen mitnimmt.)*

## 25) Einsatzwechseltätigkeit

### Einsatzwechseltätigkeiten
sind solche Tätigkeiten, bei denen der Arbeitnehmer keinen gleich bleibenden Arbeitsplatz besitzt, sondern im Rahmen des Direktionsrechts an immer wechselnden Stellen eingesetzt wird.

Diese Form der Tätigkeit sollte vertraglich vereinbart und entsprechend im Arbeitsvertrag normiert sein. In diesem Falle ist sie zulässig. Andernfalls droht sie je nach Entfernung der jeweiligen Einsatzorte an den Grenzen des billigen Ermessens zu scheitern. In den einschlägigen Tarifverträgen ist regelmäßig die Verpflegungspauschale geregelt. Sofern kein Tarifvertrag einschlägig ist, hat der Arbeitnehmer einen Anspruch auf Ersatz der Verpflegungsaufwendungen aus der Natur des Arbeitsverhältnisses heraus.

## 26) Hausmeister

Hausmeistern obliegt regelmäßig die Aufgabe zur täglichen Reinigung der Außenanlagen des betreuten Objekts. Hierbei schränken weder Tarifverträge noch eine längerfristige tatsächliche Übung die Reinigungsverpflichtung eines Hausmeisters auf ein bestimmtes Objekt oder eine bestimmte Fläche ein. Die Reinigungsfläche muss nicht identisch sein. Der Arbeitgeber kann dem Hausmeister täglich wechselnde Reinigungsflächen zuweisen.

**BAG**, Urteil vom 06. April 1989, Az.: 6 AZR 622/87 (Der Arbeitgeber ist nicht gehindert, dem Schulhausmeister täglich wechselnd verschiedene Reinigungsflächen zur Reinigung zuzuweisen.)

## 27) Heiligabend (Vorfeiertage)

Die Vorfeiertage Heiligabend, Sylvester, Pfingsten und Ostern sind normale Arbeitstage und normale Arbeitszeit, sofern sie nicht ausdrücklich als Feiertag gelten. Der Arbeitgeber ist berechtigt, seine Arbeitnehmer auch an diesen Tagen kraft seines Direktionsrechts entsprechend der arbeitsvertraglichen Verpflichtung einzusetzen.

**Hinweis**
Sofern der Arbeitgeber seine Mitarbeiter an Heiligabend einsetzt, sind die hierfür gezahlten Zuschläge am 24. Dezember ab 14 Uhr bis 150% des Grundlohnes lohnsteuerfrei; § 3b I Nr. 4 EStG. Gleiches gilt für Zuschläge bei geleisteter Arbeit am 25. und 26. Dezember sowie am 1. Mai. Zuschläge für Arbeit am 31. Dezember ab 14 Uhr und an den gesetzlichen Feiertagen im Übrigen sind bis 125 % lohnsteuerfrei; § 3b I Nr. 3 EStG

***LAG Niedersachsen***, *Urteil vom 28. August 2000, Az.: 5 Sa 1662/99 (Arbeitnehmern, denen an Vorfesttagen keine Arbeitsbefreiung erteilt werden kann, steht kein Zeitzuschlag nach § 35 Abs 1 Satz 2d BAT zu, wenn sie nach § 16 Abs 2 Satz 2 BAT an einem anderen Tag entsprechende Freizeit unter Fortzahlung ihrer Vergütung erhalten. Der Arbeitgeber hat die Option, dem Arbeitnehmer entweder Freizeitausgleich zu einem späteren Zeitpunkt zu gewähren oder die Arbeitsstunden mit einem Zeitzuschlag von 100% zu vergüten. Entscheidet er sich für die Gewährung entsprechender Freizeit, hat er insoweit sein durch die Grundsätze billigen Ermessens (§ 315 BGB) begrenztes Direktionsrecht auszuüben. Er muß die Freizeit grundsätzlich zusammenhängend gewähren. Beruht die Gewährung von Freizeit hingegen auf dem Wunsch des Arbeitnehmers, ist ein Verstoß gegen § 315 BGB auch dann ausgeschlossen, wenn die Arbeit an Vorfesttagen in mehreren kleineren Abschnitten ausgeglichen wird.)*

## 28) Hilfsarbeiter

Stellt der Arbeitgeber einen Arbeitnehmer ein und vereinbaren die Parteien eine Hilfstätigkeit, erfasst das Direktionsrecht sämtliche Tätigkeiten in diesem einfachen Bereich.

***ArbG Krefeld***, *Urteil vom 24. März 1964, Az.: Ca 1892/63 (Der Arbeitgeber ist auf Grund seines Direktionsrechts berechtigt, einen Hilfsarbeiter an jedem Arbeitsplatz einzusetzen.)*

## 29) Hochschulassistenten

Mitarbeiter an Hochschulen sind neben ihrer Tätigkeit in der Forschung auch verpflichtet, Lehraufträge zu übernehmen. Von wissenschaftlichen Assistenten kann daher verlangt werden, dass sie Lehrveranstaltungen im Rahmen ihrer Möglichkeiten abhalten (Anfangssemester).

**BAG**, *Urteil vom 17. September 1986, Az.: 5 AZR 387/85 (Von einem Diplomchemiker, der sich gegenüber seiner Arbeitgeberin, einer medizinischen Hochschule, arbeitsvertraglich verpflichtet hat, auf Verlangen auch Lehrveranstaltungen abzuhalten, kann verlangt werden, Anfangssemester in den Fächern Anatomie und Biologie zu unterrichten.)*

## 30) Jugendschutz

Durch das Jugendarbeitsschutzgesetz (JarbSchG) besonders geschützt vor dem Direktionsrecht des Arbeitgebers sind Kinder und Jugendliche, um deren ungestörte körperliche und geistige Entwicklung zu gewährleisten. Kinder im Sinne von § 2 I JArbSchG sind alle Personen, die das 15. Lebensjahr noch nicht vollendet haben. Jugendliche im Sinne von § 2 II JArbSchG sind Personen, die das 15 aber noch nicht das 18 Lebensjahr vollendet haben. § 5 JArbSchG sieht ein grundsätzliches Beschäftigungsverbot für Kinder vor. Dieses kann zum Zwecke der Beschäftigungs- und Arbeitstherapie oder zur Ableistung eines Betriebspraktikums durchbrochen werden. Außerdem sieht § 6 JArbSchG für bestimmte kulturelle Veranstaltungen eine Ausnahme vor, die aber an eine behördliche Ausnahmegenehmigung gebunden ist. Jugendliche hingegen dürfen grundsätzlich beschäftigt werden. Allerdings sind in §§ 8 ff JArbSchG besondere Regelungen zur Ausgestaltung des Arbeitsverhältnisses vorgesehen. § 8 I JArbSchG sieht eine →Arbeitszeit von 8 Stunden vor. In Abweichung zu § 3 ArbZG ist eine Verlängerung nach § 8 III JArbSchG auf maximal achteinhalb Stunden möglich. § 11 JArbSchG modifiziert § 4 ArbZG und schreibt verlängerte →Ruhepausen für Jugendliche vor. Gemäß § 14 JArbSchG gilt ein grundsätzliches Beschäftigungsverbot in der Nacht. Jugendliche dürfen nur in der Zeit von 6.00 bis 20.00 Uhr beschäftigt werden. Außerdem gilt für Jugendliche generell gemäß § 15 JArbSchG die Fünf-Tage-Woche. An Samstagen dürfen Jugendliche gemäß § 16 JArbSchG grundsätzlich nicht beschäftigt werden. § 22 JArbSchG sieht ein Beschäftigungsverbot für bestimmte gefährliche Arbeiten vor, § 23 JArbSchG sieht das Verbot von →Akkordarbeit vor und § 24 JArbSchG verbietet schließlich, Jugendliche unter Tage einzusetzen.

## 31) Kirchliche Treuepflichten

Insbesondere in Kirchenarbeitsverhältnissen postulieren Art. 4 u. Art 5. II Grundordnung (GO) der katholischen Kirche besondere Treuepflichten des Mitarbeiters, die spezielle Direktionsrechte bei außerdienstlichem Verhalten eröffnen. Die Treuepflichten sind in der evangelischen Kirche vergleichbar, auch wenn keine EKD-einheitliche Regelung besteht. Folgende Verstöße gegen die Treuepflichten gegenüber der Kirche weiten das Direktionsrecht in Kirchenarbeitsverhältnissen und eröffnen die entsprechenden Sanktionsmöglichkeiten:

- Kirchenzugehörigkeit und Kirchenaustritt
- Gotteslästerung
- Distanzierung (Apostasie, Häresie, Eucharistie)
- Kirchenfeindliche Betätigung – Grundsätze der Kirche betroffen
    - Abtreibung
    - Aufruf zum Krieg
    - Homosexualität (Sinn der Ehe = Fortpflanzung/schwere Verfehlung)
    - Embryonenforschung
- schwere sittliche Verfehlung
    - Mord
    - Schwangerschaftsabbruch
- Ehevergehen (Unauflösbarkeit)
    - Abschluss einer ungültigen Ehe
    - Ehebruch
    - Heirat Geschiedene/r
    - Heirat mit Priester
    - Zweitehe

## 32) Kontrollschaffner

Der Arbeitsort eines Schaffners – in Bus und Bahn – richtet sich nach dem Einsatz in der jeweiligen Linie. Zur Ausübung seiner Kontrolltätigkeit hat der Schaffner grundsätzlich keinen Anspruch auf Einsatz in einer bestimmten Linie.

**BAG**, Urteil vom 26. Juli 2001, Az.: 6 AZR 434/99 (Der Arbeitsplatz eines Kontrollschaffners ist der jeweilige Bus oder die Bahn, die ihm zur Kontrolltätigkeit zugewiesen wurde. Diese Zuweisung bestimmt der Arbeitgeber in Ausübung seines Direktionsrechts.)

**LAG Düsseldorf**, Urteil vom 02. Juni 1999, Az.: 4 (16) Sa 603/99 (Der Arbeitgeber ist im Wege des Direktionsrechts berechtigt, die angestellten Kontrollschaffnerinnen und Kontrollschaffner anzuweisen, in Abkehr von der bisherigen Praxis den Dienst auf einem der Betriebshöfe aufzunehmen und in gleicher Weise auf einem der Betriebshöfe zu beenden.)

## 33) Konzernleihe

### Konzernleihe
ist die →Versetzung eines Arbeitnehmers innerhalb des gesamten Konzerns.

Die konzernweite Versetzungsmöglichkeit eines Mitarbeiters lässt sich nur durch eine konzernbezogen Versetzungsklausel ermöglichen.

### Konzernbezogene Versetzungsklausel:

Der Arbeitgeber behält sich vor, den Mitarbeiter bei Bedarf auch in anderen Konzernunternehmen, auch an einem anderen Ort in Deutschland zu beschäftigen.

Bei einer konzernbezogenen Versetzung aufgrund einer solchen Klausel ist eine Entsendung auf Zeit unproblematisch, solange der Arbeitgeber identisch bleibt. Ansonsten birgt die konzernweite Versetzungsklausel regelmäßig das Problem eines Arbeitgeberwechsels. Ein Arbeitgeberwechsel entzieht sich naturgemäß der einseitigen Leistungsbestimmung durch den bisherigen Arbeitgeber. Ausnahmsweise ist eine solche Klausel zulässig, wenn der Dritte namentlich bezeichnet ist – § 309 Nr. 10 BGB. Andernfalls kann ein Arbeitgeberwechsel nur mit Zustimmung des Arbeitnehmers erfolgen.

## 34) Kopftuch

Das Tragen eines Kopftuchs ist regelmäßig Ausdruck einer religiösen Einstellung. In dieser Eigenart entzieht sich das Verbot, ein solches Kopftuch zu tragen, dem Direktionsrecht des Arbeitgebers. Weigert sich ein Arbeitnehmer, einem solchen Verbot nachzukommen, scheiden weitere rechtliche Sanktionen (Abmahnung, Kündigung) aus. Dieser Ausdruck der Religionsfreiheit hat der Arbeitgeber auch bei anderen Gelegenheiten – wie beispielsweise dem religiösen →Morgengebet – zu beachten, wenn er Direktionsrechte ausüben will. Gleiches gilt auch für das Tragen eines Kopftuchs im öffentlichen Dienst – namentlich durch das Lehrpersonal in öffentlichen Schulen. Im öffentlichen Dienst ist allerdings der zuständige Landesgesetzgeber durch das Bundesverfassungsgericht aufgefordert worden, entsprechende gesetzliche Ermächtigungen zu schaffen. Sofern eine solche gesetzliche Grundlage im jeweiligen Bundesland geschaffen ist und diese die Rechte der Mitarbeiter ausreichend berücksichtigt, kann der Dienstherr das Tragen des Kopftuchs untersagen. Als erstes Bundesland hat Hessen ein solches Gesetz verabschiedet.

*BAG*, Urteil vom 10. Oktober 2002, Az.: 2 AZR 472/01 (Das religiös motivierte Tragen eines Kopftuchs rechtfertigt für sich genommen regelmäßig noch nicht die ordentliche Kündigung einer Verkäuferin in einem Kaufhaus aus personen- oder verhaltensbedingten Gründen nach § 1 Abs. 2 KSchG.)

*BVerfG*, Urteil vom 24. September 2003, Az.: 2 BvR 1436/02 (1. Ein Verbot für Lehrkräfte, in Schule und Unterricht ein Kopftuch zu tragen, findet im geltenden Recht des Landes Baden-Württemberg keine hinreichend bestimmte gesetzliche Grundlage. 2. Der mit zunehmender religiöser Pluralität verbundene gesellschaftliche Wandel kann für den Gesetzgeber Anlass zu einer Neubestimmung des zulässigen Ausmaßes religiöser Bezüge in der Schule sein.)

## 35) Kraftfahrer

Zum Berufsbild des Kraftfahrers gehört neben der Führung von Kraftfahrzeugen auch die Wartung und Pflege im Rahmen des Zumutbaren; selbst kleinere Reparaturen sind hiervon erfasst.

**BAG**, Urteil vom 30. Mai 1984, Az.: 4 AZR 146/82 (Nach der Üblichkeit im Arbeitsleben und dessen Berufsbild gehören zu den arbeitsvertraglichen Pflichten eines Kraftfahrers neben der Führung der Kraftfahrzeuge auch deren Wartung und Pflege sowie die Durchführung kleiner Reparaturen. Dies gilt auch für Kraftfahrer im öffentlichen Dienst.)

**LAG Hamm**, Beschluß vom 21. Februar 1995, Az.: 13 TaBV 140/94 (Die Umsetzung eines Arbeitnehmers von der Tätigkeit als Fernverkehrskraftfahrer auf einen Arbeitsplatz im Linienverkehr mit anders gelagerten Arbeitszeiten ist kein Versetzen i.S. des § 95 Abs. 3 BetrVG.)

## 36) Kurzarbeit

### Kurzarbeit
ist die vorübergehende Kürzung der betriebsüblichen normalen Arbeitzeit, die vorübergehende Arbeitseinstellung beziehungsweise das Aussetzen der Arbeit.

Der Arbeitgeber kann in betriebsratslosen Betrieben grundsätzlich keine Kurzarbeit einseitig anordnen; eine solche Anordnung würde gegen die arbeitgeberseitige Beschäftigungspflicht verstoßen. Der Arbeitgeber braucht daher eine ausreichende Ermächtigungsgrundlage zur Anordnung von Kurzarbeit. Die Meldung der Kurzarbeit gemäß § 169 ff SGB III an das Arbeitsamt – im neuen Sprachgebrauch Agentur für Arbeit – stellt allein noch keine ausreichende Ermächtigungsgrundlage hierfür dar. Eine Ermächtigungsgrundlage kann sein:

- Gesetz (§ 19 KSchG)
- Tarifvertrag
- Betriebsvereinbarung
- Individualrechtliche Vereinbarung mit dem betroffenen Arbeitnehmer
- Änderungskündigung

Die Voraussetzungen der Einführung von Kurzarbeit kraft Tarifvertrag sind sehr unterschiedlich ausgestaltet. Die Voraussetzungen reichen von einer Ankündigungsfrist, über die Einhaltung eines bestimmten Verfahrens bis hin zur Einschaltung der Tarifparteien. Einzige gesetzliche Grundlage zur Anordnung von Kurzarbeit ist § 19 KSchG. Diese Vorschrift erfasst die Fälle der betrieblichen Notwendigkeit einer Massenentlassung im Sinne von § 17 KSchG, sofern die von der Kündigung bedrohten Arbeitnehmer innerhalb der Frist der Entlassungssperre (§ 18 KSchG) nicht mehr voll beschäftigt werden können. Arbeitnehmer haben Anspruch auf Kurzarbeitergeld im Sinne von 169 SGB III, sofern die Voraussetzungen der §§ 170 ff SGB III gegeben sind (erheblicher Arbeitsausfall mit Entgeltausfall, Betrieb beschäftigt mindestens einen Arbeitnehmer, persönliche Voraussetzungen des Arbeitnehmers, Anzeige bei der Agentur für Arbeit). Eine zulässig angeordnete Kurzarbeit endet mit Ablauf der vereinbarten Zeit oder mit Wegfall ihrer Voraussetzungen. Als Indiz für den Wegfall ihrer Voraussetzungen dient regelmäßig die Neueinstellung weiterer Arbeitnehmer. Die Einführung von Kurzarbeit ist mitbestimmungspflichtig gemäß § 87 I Nr. 3 BetrVG. Dies gilt auch im Insolvenzverfahren.

**Vorschriften: §§ 19 KSchG, 87 BetrVG**

***BAG***, *Urteil vom 15. Dezember 1961, Az.: 1 AZR 310/60 (Der Arbeitgeber kann Kurzarbeit einseitig einführen, sofern ihm eine entsprechende Ermächtigung kollektivrechtlicher oder einzelvertraglicher Art erteilt ist.)*

***LAG Rheinland-Pfalz***, *Urteil vom 07. Oktober 1996, Az.: 9 Sa 703/96 (1. In betriebsratslosen Betrieben kann der Arbeitgeber die Kurzarbeit nicht einseitig aufgrund seines Direktionsrechts einführen. Die Meldung über Kurzarbeit beim Arbeitsamt ist hierfür keine Ermächtigungsgrundlage. 2. Der Arbeitgeber ist vielmehr gehalten, mit allen Arbeitnehmern eine Vereinbarung hierüber herbeizuführen beziehungsweise eine ordentliche oder außerordentliche Änderungskündigung auszusprechen.)*

# 37) Leidensgerechter Arbeitsplatz

### Leidensgerecht
ist ein Arbeitsplatz dann, wenn dem Arbeitnehmer unter medizinischen Gesichtspunkten die Ausübung seiner Tätigkeit möglich ist, ohne in absehbarer Zeit infolge seiner Beschäftigung arbeitsunfähig zu erkranken.

Dem Direktionsrecht korrespondiert eine Direktionspflicht. Aus der Fürsorgepflicht des Arbeitgebers resultiert die Verpflichtung, einen Arbeitnehmer, der bei krankheitsbedingter Unfähigkeit auf dem bisherigen Arbeitsplatz nicht weiter arbeiten kann, diesem einen leidensgerechten Arbeitsplatz anzubieten, auch wenn dieser nicht ausdrücklich von der arbeitsvertraglichen Tätigkeitsbeschreibung erfasst ist. Sofern eine dringende ärztliche Empfehlung dies erforderlich macht – insbesondere bei entsprechenden gesundheitlichen Dispositionen wie Rückenleiden, Allergien u.a. – ist der Arbeitgeber regelmäßig ermächtigt, dem Arbeitnehmer einen anderen, leidensgerechten Arbeitsplatz zuzuweisen. Diese Verpflichtung ist Ausfluss aus dem Prinzip der Fürsorge; findet aber dort ihre Grenze, wo der Arbeitsvertrag ausdrücklich die Zuweisung in einen anderen Tätigkeitsbereich verbietet.

**BAG**, *Urteil vom 17. Februar 1998, Az.: 9 AZR 130/97 (Eine dringende ärztliche Empfehlung zum Arbeitsplatzwechsel aus gesundheitlichen Gründen berechtigt den Arbeitgeber regelmäßig, dem Arbeitnehmer einen anderen Arbeitsbereich zuzuweisen; die Versetzung ist wirksam, wenn sie von den arbeitsvertraglichen Vereinbarungen gedeckt ist und die nach § 99 BetrVG erforderliche Zustimmung des Betriebsrats vorliegt.)*

**LAG Hamm**, *Urteil vom 20. April 1999, Az.: 5 Sa 1000/97 (Ist der Arbeitnehmer aus gesundheitlichen Gründen zur Fortführung der übertragenen Tätigkeit außerstande, steht jedoch im Betrieb die Möglichkeit einer leidensgerechten Beschäftigung zur Verfügung, so verstößt der Arbeitgeber gegen seine arbeitsvertraglichen Verpflichtungen, wenn er die ihm mögliche und zumutbare Umsetzung des Arbeitnehmers bzw. die leidensgerechte Anpassung der Arbeitsbedingungen unterläßt.)*

## 38) Lenkzeiten

Die gesetzlich vorgeschriebenen Lenkzeiten eines Kraftfahrers dürfen nicht überschritten werden. Eine anders lautende Anordnung durch den Arbeitgeber entzieht sich dem Direktionsrecht und ist rechtswidrig. Sie braucht vom Arbeitnehmer nicht befolgt zu werden. Es bestehen keine Sanktionsmöglichkeiten zulasten des sich weigernden Arbeitnehmers.

## 39) Mehrarbeit

**Mehrarbeit**
ist die Arbeitszeit, die über das *gesetzlich* zulässige Maß hinausgeht.

Zulässig ist diese Art der →Überstunden nur in Notfällen und sonstigen außergewöhnlichen Fällen, die unabhängig vom Willen der Betroffenen sind und anderweitig nicht beseitigt werden können. Diese Notfallsituation hat der Gesetzgeber ausdrücklich in § 14 TzBfG geregelt. In § 14 II finden sich außerdem zwei speziell geregelte Notfälle:

- zur Abwendung eines unverhältnismäßig hohen Schadens
- in Forschung und Lehre, bei unaufschiebbaren Arbeiten

**Vorschrift: § 14 ArbZG**

**ArbG Leipzig,** *Urteil vom 04. Februar 2003, Az.: 7 Ca 6866/02 (In Not- und Katastrophenfällen ist der Arbeitnehmer aufgrund von vertraglicher Nebenpflicht zur Abwendung von Schaden vom Betrieb verpflichtet. Dazu gehört es auch, andere Tätigkeiten als vereinbart oder Mehrarbeit zu leisten.)*

## 40) Mitarbeiterversammlung

Der Arbeitgeber ist berechtigt, im Rahmen des Direktionsrechts die Teilnahme seiner Mitarbeiter an einer Mitarbeiterversammlung anzuordnen. Diese Maßnahme ist dann mitbestimmungspflichtig im Sinne von § 87 I Nr. 3 BetrVG, wenn die Mitgliederversammlung außerhalb der betriebsüblichen Arbeitszeit liegt.

**Vorschrift: § 87 BetrVG**

**BAG,** *Beschluß vom 13. März 2001, Az.: 1 ABR 33/00 (Führt der Arbeitgeber eine Mitarbeiterversammlung außerhalb der betriebsüblichen Arbeitszeit durch, ist die Maßnahme nach § 87 Abs. 1 Nr. 3 BetrVG mitbestimmungspflichtig, wenn der Arbeitgeber kraft seines Direktionsrechts die Teilnahme anordnen kann oder wenn eine anderweitige Verpflichtung der Arbeitnehmer gegenüber dem Arbeitgeber zur Teilnahme besteht.)*

## 41) Morgengebet

Sofern muslimische Arbeitnehmer ihr Morgengebet im Betrieb absolvieren, unterliegt auch hier die Bestimmung der Arbeitszeit dem Direktionsrecht. Allerdings kollidiert das Recht des Arbeitgebers auf ungestörten Betriebsablauf mit dem verfassungsrechtlich garantierten Recht auf ungestörte Religionsausübung – Art. 4 GG. Der Arbeitgeber hat die freie Religionsausübung zu berücksichtigen. Nur soweit das Morgengebet zu einem Stillstand des Betriebsablaufs führt und anderweitig wirtschaftlich nicht sinnvoll und zumutbar aufgefangen werden kann, ist der Arbeitgeber nicht verpflichtet, die Betriebsablaufstörung hinzunehmen.

**LAG Hamm,** *Urteil vom 18. Januar 2002, Az.: 5 Sa 1782/01 (Ein Arbeitgeber ist nicht verpflichtet, durch Art. 4 Abs. 1 und Abs. 2 GG geschützte Gebetspausen des muslimen Arbeitnehmers während der Arbeitszeit hinzunehmen, wenn hierdurch betriebliche Störungen verursacht werden.)*

**LAG Hamm;** *Urteil vom 26. Februar 2002, Az.: 5 Sa 1582/01(Der gläubige Arbeitnehmer ist unter Berücksichtigung der betrieblichen Belange wegen seiner Grundrechte aus Art. 4 Abs. 1 und 2 GG grundsätzlich berechtigt, seinen Arbeitsplatz zur Abhaltung kurzzeitiger Gebete zu verlassen. Insoweit kann ein Leistungshindernis nach § 616 BGB bestehen. Wegen der aus Art. 2 Abs. 1, 12 Abs. 1 und 14 Abs. 1 GG grundrechtlich geschützten Belange des Arbeitgebers darf der Arbeitnehmer seinen Arbeitsplatz nicht ohne Rücksprache mit seinem Vorgesetzten verlassen. Die Pflichtgebete des Islam sind nur innerhalb eines Zeitrahmens je nach Sonnenstand abzuhalten. Der Arbeitnehmer ist nicht berechtigt, den genauen Zeitpunkt seiner Arbeitsunterbrechung innerhalb des Zeitrahmens ohne Rücksprache mit seinem Vorgesetzten selbst zu bestimmen.)*

## 42) Mutterschutz

Das Recht des Mutterschutzes beeinflusst das Direktionsrecht des Arbeitgebers. Es ist umfassend geregelt im Mutterschutzgesetz (MuSchG). Ziele des Mutterschutzes sind:

- Die Vermeidung von Gefahren für Mütter
- Schutz vor finanziellen Einbußen
- Schaffung einer Arbeitsplatzgarantie

Das Mutterschutzgesetz sieht zur Abwendung von Gefahren eine Reihe von Beschäftigungsverboten vor:

- Allgemeines Beschäftigungsverbot bei Gefährdung von Leben und Gesundheit bei Mutter und Kind – § 3 I MuSchG

- Beschäftigungsverbot sechs Wochen vor Entbindung – § 3 II MuSchG
- Spezielle Beschäftigungsverbote bei bestimmten Tätigkeiten (z. B. Tragen von Lasten über 10 Kilo) – § 4 MuSchG
- Absolutes Beschäftigungsverbot acht Wochen nach Entbindung – § 6 I 1 MuSchG
- Beschäftigungsverbot für stillende Mütter – § 6 III i.V.m. § 7 MuSchG
- Verbot von Mehr-, Nacht- und Sonntagsarbeit – § 8 MuSchG.

Sofern es die Natur des Beschäftigungsverbots zulässt – insbesondere im Anwendungsbereich des § 4 MuSchG – steht dem Arbeitgeber ein erweitertes Direktionsrecht zu. Auf dieser Grundlage kann der Arbeitgeber die Arbeitnehmerin in einem zumutbaren Rahmen innerbetrieblich umsetzen. Der besondere Entgeltschutz wird durch § 11 MuSchG realisiert. Soweit eine Frau einem Beschäftigungsverbot ausgesetzt ist, hat der Arbeitgeber trotzdem den bisher gewährten Durchschnittsverdienst zu entrichten. Außerdem hat der Arbeitgeber nach den Maßgaben des § 14 MuSchG der betroffenen Arbeitnehmerin einen Zuschuß zum Mutterschaftsgeld zu gewähren. Die Arbeitsplatzgarantie wird durch § 9 MuSchG erreicht, die Vorschrift normiert einen absoluten Kündigungsschutz zugunsten der betroffenen Arbeitnehmerin während der Schwangerschaft und vier Monate nach der Entbindung.

**Vorschriften: §§ 3, 4, 6, 7, 8, 9, 11 u. 14 MuSchG**

## 43) Nachtarbeit

**Nachtarbeit**
ist jede Arbeit, die mehr als 2 Stunden der Nachtzeit umfasst (23.00 bis 6.00 Uhr).

Nacht- und Schichtarbeit ist normale Vollarbeit nach § 3 ArbzG, das Direktionsrecht erfasst daher auch die Bestimmung der Arbeitszeit in der Zeit von 23.00 bis 6.00 Uhr. Hier trifft den Arbeitgeber aber die Verpflichtung, die Arbeitszeit nach arbeitswissenschaftlichen Erkenntnissen menschengerecht zu gestalten – § 6 I ArbZG. Diese darf wie die normale Arbeitszeit acht Stunden nicht überschreiten, kann aber ebenso auch auf 10 Stunden ausgedehnt werden. Allerdings darf hier der Schnitt der achtstündigen Arbeitszeit innerhalb eines Zeitraums von einem Monat oder vier Wochen nicht überschritten werden (→Überstunden). Die Anforderungen an den Arbeitgeber zur Kompensation durch Minderarbeit sind daher stärker zeitlich limitiert. Nachtarbeit ist dabei regelmäßig die Arbeitszeit zwischen 23.00 und 6.00 Uhr – § 2 III ArbZG. Ausnahmsweise ist Nachtarbeitszeit die Zeit zwischen 22.00 und 5.00 Uhr, soweit es sich um eine Tätigkeit in Bäckereien und Konditoreien handelt. Nachtarbeit ist regelmäßig dann gegeben, wenn die geleistete Arbeitszeit zu mehr als zwei Stunden in diesen Zeitraum fällt. Schichtarbeit ist dabei der Einsatz des Arbeitnehmers nach einem →Dienstplan, der einen regelmäßigen Wechsel der täglichen Arbeitszeit vorsieht. Die Bestimmung der Nachtarbeit ist im Bereich der Jugendarbeit hingegen nicht mehr durch das Direktionsrecht gedeckt. Gemäß § 14 JArbSchG gilt ein grundsätzliches Beschäftigungsverbot in der Nacht. Gleiche Einschränkung gilt für werdende und stillende Mütter – § 8 MuSchG.

Häufig ist in Tarifverträgen geregelt, dass für Nachtarbeit ein bestimmter Zuschlag bezahlt wird oder ein entsprechender Freizeitausgleich erfolgt. Fehlt eine solche tarifvertragliche Ausgleichsregelung, dann muss der Arbeitgeber dem Nachtarbeitnehmer für die während der Nachtzeit geleisteten Arbeitsstunden eine angemessene Anzahl bezahlter freier Tage oder einen angemessenen Zuschlag auf das ihm hierfür zustehende Bruttoarbeitsentgelt gewähren (§ 6 Abs.5 ArbZG). Dem Arbeitgeber steht ein Wahlrecht zur Seite. Fehlt eine tarifvertragliche Ausgleichsregelung, dann kann der Arbeitgeber zwischen den beiden gesetzlichen Alternativen wählen (bezahlte Freistellung oder Bezahlung eines Zuschlags). Sofern ein Tarifvertrag besteht, der aber im konkreten Arbeitsverhältnis keine Anwendung findet, dient der dort geregelte Zuschlag als Orientierungsgröße.

> **Hinweis**
> Nachtzuschläge bis 25% des Grundlohnes sind lohnsteuerfrei; § 3b I Nr. 1 EStG.

**Vorschrift: §§ 2, 3, 6 ArbZG, 14 JArbSchG, § 8 MuSchG**

*BAG, Urteil vom 05. September 2002, Az.: 9 AZR 202/01 (Der Arbeitgeber hat das Wahlrecht, ob er den gesetzlich bestimmten Anspruch des Nachtarbeitnehmers auf Ausgleichsleistungen (§ 6 Abs. 5 ArbZG) durch eine angemessene Zahl freier Tage oder einen angemessenen*

*Zuschlag auf das dem Arbeitnehmer für die Nachtarbeit zustehende Bruttoarbeitsentgelt erfüllt.)*

## 44) Nebenarbeiten

Nebenarbeiten, auch so genannte Zusammenhangstätigkeiten, die für das Tätigkeitsbild prägend sind, hat der Arbeitnehmer kraft Direktionsrecht zu übernehmen. Folgende Nebenarbeiten sind denkbar:

- Säubern und Aufräumen des Arbeitsplatzes
- Beschaffung von Material
- Pflege von Ware
- Empfangsdienste für Sekretärinnen
- Ladetätigkeiten eines LKW-Fahrers
- Pflegearbeiten eines LKW-Fahrers an dem LKW

## 45) Rauchverbot

Die Einführung eines Rauchverbots – wie beim → Alkoholverbot – ist vom Direktionsrecht erfasst. Es dient dem Gesundheitsschutz der nichtrauchenden Belegschaft. Allerdings ist das Recht auf Rauchen zu berücksichtigen. Sofern gar kein Bedürfnis zum Rauchverbot besteht, weil es keine Beschwerden hierüber gibt (Arbeit im Freien), greift der Schutzgedanke nicht durch, und die Anordnung eines Rauchverbots ist unzulässig.

**LAG Frankfurt am Main**, *Urteil vom 06. Juli 1989, Az.: 9 Sa 1295/88 (Der Arbeitgeber ist kraft seines Direktionsrechtes berechtigt, einseitig ein Rauchverbot am Arbeitsplatz einzuführen. Bei Ausübung des Direktionsrechtes hat der Arbeitgeber die Grundsätze billigen Ermessens zu wahren. Dabei ist eine Interessenabwägung vorzunehmen zwischen dem sich aus dem Persönlichkeitsrecht ableitenden Recht des Arbeitnehmers auf Handlungsfreiheit, hier dem Recht auf Rauchen, und den Interessen des Arbeitgebers, diese Handlungsfreiheit aus sachlichen Gründen einzuschränken. Die Grundsätze billigen Ermessens sind nicht verletzt, wenn es sich bei dem vom Rauchverbot betroffenen Arbeitsplatz um ein Büro handelt, das ständig von dritten Personen, insbesondere auch Kunden, aufgesucht wird. In diesem Fall kann der Arbeitnehmer auch nicht verlangen, daß ihm das Rauchen gestattet wird, wenn sich gerade kein Besucher im Büro aufhält.)*

## 46) Redakteur

Der Redakteur ist – soweit er arbeitsvertraglich nicht ausdrücklich für einen bestimmten Bereich eingestellt worden ist – dazu verpflichtet, sowohl Wort- als auch Bildbeiträge zu liefern. Auch ein angestellter Redakteur kann gegenüber seinem Arbeitgeber ein Mindestmaß an Meinungsfreiheit im Sinne von Art. 5 GG reklamieren.

**Vorschriften: § 2 Abs. 3 MTV für Redakteure an Tageszeitungen (Fassung vom 01.01.1991), Art. 5 GG**

**BAG**, *Urteil vom 05. Juni 2003, Az.: 6 AZR 237/02 (Zur Tätigkeit eines Redakteurs gehört die Berichterstattung mit eigenen Wort- und/oder Bildbeiträgen. Auch ohne ausdrückliche Bezeichnung als „Wort- und Bildredakteur" schuldet der Redakteur Wortbeiträge und Bildbeiträge.)*

**LAG Baden-Württemberg**, *Urteil vom 02. August 2000, Az.: 12 Sa 7/00 (1. Die Benutzung des Wortes „NATO-Angriffskrieg" bei Verlesung der Nachrichten rechtfertigt es nicht, einen Redakteur im Wege des Direktionsrechts teilweise „....bis auf weiteres...", also auf unabsehbare Zeit zu suspendieren. 2. Auch ein angestellter Redakteur kann gegenüber seinem Arbeitgeber ein Mindestmaß an Meinungsfreiheit reklamieren.)*

## 47) Reinigungskraft

Reinigungskräfte sind regelmäßig innerhalb eines zumutbaren Rahmens auf andere Arbeitstätten zu entsenden.

**LAG Berlin**, *Urteil vom 25. April 1988, Az.: 9 Sa 15/88 (Mangels einer eindeutigen anderweitigen Vereinbarung ist der Arbeitgeber kraft seines Direktionsrechts befugt, eine in einem Gebäudereinigungsunternehmen tätige Raumpflegerin an verschiedene Arbeitsstätten zu entsenden.)*

**LAG Rheinland-Pfalz**, *Beschluß vom 28. Oktober 1980, Az.: 3 TaBV 32/80 (Eine Reinigungskraft, der die Reinigung bestimmter Räume übertragen worden ist und die diesen Arbeitsbereich auf Anordnung des Arbeitgebers über ein Jahr lang behalten hat, gehört nicht zum Kreis derjenigen Arbeitnehmer, die nach der Eigenart ihres Arbeitsverhältnisses üblicherweise nicht ständig an einem bestimmten Arbeitsplatz be-*

schäftigt waren. Werden dieser Reinigungskraft nunmehr auf Dauer andere Räume zur Reinigung zugewiesen, so ist hierin, insbesondere wenn dies mit einer erheblichen Änderung der Arbeitsumstände verbunden ist, eine mitbestimmungspflichtige Versetzung i.S. von BetrVG § 99 zu erblicken.)

## 48) Rotation zur Fortbildung

Setzt der Arbeitgeber seine Mitarbeiter regelmäßig auf anderen Arbeitsplätzen ein und dient dies der Erweiterung der möglichen Einsatzfähigkeit seiner Mitarbeiter – z.B. um Kranken- und Urlaubszeiten besser überbrücken zu können, so stellt dies ein legitimes Interesse des Arbeitgebers dar und ist nur dann unzulässig, wenn eine entsprechende Klausel im Arbeitsvertrag den Einsatz des Mitarbeiters auf einen bestimmten Arbeitsplatz beschränkt.

**Hessisches LAG**, Urteil vom 21. März 1991, Az.: 9 Sa 987/90 (Zur Zulässigkeit von Umsetzungen im Rahmen eines Rotationsprinzips.)

## 49) Rufbereitschaft

**Rufbereitschaft**
liegt dann vor, wenn der Arbeitnehmer an einer vom ihm bestimmten Stelle im Bedarfsfall jederzeit abrufbereit ist, um die Arbeit aufnehmen zu können.

Vom Bereitschaftsdienst unterscheidet sich die Rufbereitschaft insoweit, als der Arbeitnehmer hier selbst über den Aufenthaltsort bestimmen kann. Im Übrigen ist er wie im Bereitschaftsdienst dazu verpflichtet, auf Abruf die Arbeit aufzunehmen. Dieser Diensttypus unterscheidet sich wegen des arbeitnehmerseitigen Aufenthaltsbestimmungsrechts insoweit wesentlich vom Bereitschaftsdienst und ist daher konsequenterweise nicht als Arbeitszeit zu qualifizieren. Allerdings darf Rufbereitschaft durch den Arbeitgeber kraft seines Direktionsrechts nur dann angeordnet werden, wenn erfahrungsgemäß in der Zeit der Rufbereitschaft keine oder nur gelegentlich Arbeit anfällt. Andernfalls muss die Rufbereitschaft arbeits- oder tarifvertraglich vorgesehen sein. Der Arbeitgeber soll sich durch die Anordnung der Rufbereitschaft nicht der

Vergütungspflicht entziehen können, wenn erfahrungsgemäß regelmäßig Arbeiten anfallen. Hier ist der Arbeitgeber gehalten, normale Arbeitszeit auch in Form des Bereitschaftsdiensts anzuordnen, jedenfalls aber die Zeit entsprechend zu vergüten. Wird die Rufbereitschaft trotzdem angeordnet, kann der Arbeitnehmer diese verweigern. Für den Fall, dass er sie leistet, besteht nach bisherigem Stand der Rechtsprechung jedoch nur ein Anspruch auf Vergütung der tatsächlich geleisteten Arbeit. Der Arbeitnehmer kann die Rechtmäßigkeit beziehungsweise Rechtswidrigkeit gerichtlich feststellen lassen.

**Hessisches LAG**, *Urteil vom 28. Juli 1988, Az.: 9 Sa 977/87 (Gemäß Nr. 6B Abs. 6 S 2 der Sonderregelung 2a BAT darf Rufbereitschaft nur angeordnet werden, wenn erfahrungsgemäß lediglich in Ausnahmefällen Arbeit anfällt. Hierfür ist keine starre Obergrenze anzusetzen. Die Anordnung von Rufbereitschaft (hier für einen Anästhesiepfleger) ist jedenfalls noch zulässig, wenn der Anteil der Arbeitsleistung ca. 6 v.H. nicht übersteigt und ein Einsatzfall im Durchschnitt jeden zweiten Tag zu erwarten ist. Dabei sind nicht zu berücksichtigende Zeiten der Inanspruchnahme im unmittelbaren Anschluß an das Ende der normalen Dienstzeit.)*

## 50) Ruhepausen

**Ruhepause**
ist die arbeitsfreie Zeit während der Dienstzeit.

Die tägliche Arbeitszeit und das Direktionsrecht zur Bestimmung ihrer Länge und Lage wird durch die gesetzlich vorgesehenen Ruhepausen beschränkt. Die werktägliche Arbeitszeit von sechs bis neun Stunden muss gemäß § 4 ArbZG durch eine „vorher" feststehende Ruhepause von mindestens 30 Minuten unterbrochen werden. Sofern die Arbeitszeit neun Stunden übersteigt, beträgt die Ruhepause mindestens 45 Minuten. Eine Aufteilung in 15 Minutenabschnitte ist zulässig. Mehr als 8 Stunden darf der Arbeitnehmer nicht an einem Stück beschäftigt werden. Besonderheiten sieht das Jugendarbeitsschutzgesetz vor. § 11 JArbSchG modifiziert § 4 ArbZG und schreibt verlängerte Ruhepausen für Jugendliche vor:

- 30 Minuten bei einer Arbeitszeit von mehr als 4 ½ Stunden
- 60 Minuten bei einer Arbeitszeit von mehr als 6 Stunden.

Auch hier gilt nur eine Unterbrechung von mindestens 15 Minuten als Pause.

**Vorschrift: §§ 4 ArbZG, 11 JArbSchG**

# 51) Ruhezeit

**Ruhezeit**
ist die arbeitsfreie Zeit zwischen den täglichen Dienstzeiten.

§ 5 ArbZG regelt die Ruhezeit und schreibt vor, dass der Arbeitnehmer nach Verrichtung seiner werktäglichen Arbeitszeit eine ununterbrochene Ruhezeit von 11 Stunden in Anspruch nehmen kann, bevor er erneut beschäftigt wird. Ein vorzeitiger Personaleinsatz scheidet aus. Lediglich § 5 II und III ArbZG sieht eine Ausnahme für Krankenhauspersonal vor. Außerdem findet sich in § 5 IV ArbZG eine Ausnahme für Kraftfahrer. Auch hier sind geringere Mindestruhezeiten möglich, wenn das Europäische Gemeinschaftsrecht dies vorsieht. Insoweit einschlägig ist die EWG-Verordnung Nr. 3820/85 und die innerstaatliche Verordnung zur Durchführung der EWG-VO Nr. 3820/85 vom 09.12.1986. Außerdem ergangen ist das Gesetz über Fahrerpersonal von Kraftfahrzeugen und Straßenbahnen in der Fassung vom 19.02.1987. Nach der EWG-VO Nr. 3820/85 sind grundsätzlich auch für Kraftfahrer im Ein-Mann-Betrieb Ruhezeiten von 11 Stunden vorgesehen. Diese können aber ausnahmsweise dreimal in der Woche auf neun Stunden verkürzt werden, wenn bis zum Ende der folgenden Woche ein Ausgleich erfolgt (Art. 8 EWG-VO Nr. 3820/85). Jeder Fahrer kann die Ruhezeit verkürzen oder auf zwei oder drei Zeitabschnitte verteilen. Nach neuester Rechtsprechung des EuGH ist neben der täglichen Ruhezeit eine einmalige Mindestruhezeit innerhalb einer Woche einzuhalten. Deren Dauer beträgt mindestens 24 Stunden.

**Vorschrift: § 5 ArbZG, Art. 8 EWG-VO Nr. 3820/85**

**EuGH,** Urteil vom 12. Oktober 2004, Az.: C-313/02

*EuGH, Urteil vom 05. Oktober 2004, Az.: C-397/01 (Abschnitt II der Richtlinie 93/104 handelt von den Maßnahmen, die die Mitgliedstaaten zu ergreifen haben, damit jedem Arbeitnehmer tägliche und wöchent-*

*liche Mindestruhezeiten gewährt werden, und enthält auch Bestimmungen über die wöchentliche Höchstarbeitszeit.)*

## 52) Schulungsveranstaltungen

Der Arbeitgeber hat das Recht, einen Arbeitnehmer in Schulungsveranstaltungen zu entsenden, soweit die dort dem Arbeitnehmer vermittelten Inhalte im Interesse des Betriebes sind und unter Berücksichtigung seiner Tätigkeit dem Arbeitnehmer zugute kommen.

**ArbG Bonn**, *Urteil vom 04. Juli 1990, Az.: 4 Ca 751/90 (Gehören Arbeiten, die dem Arbeitnehmer übertragen werden sollen, zu seinem Berufsbild, verfügt er aber wegen der Entwicklung neuer Techniken nicht über die erforderlichen Fähigkeiten und Kenntnisse, kann der Arbeitgeber zur Vorbereitung auf die Arbeit eine entsprechende Schulung verlangen.)*

## 53) Schwerbehinderte Menschen

Der Arbeitgeber kann einem schwerbehinderten Arbeitnehmer im Wege des erweiterten Direktionsrechts einen →leidensgerechten Arbeitsplatz zuweisen, sofern dies das Krankheitsbild des schwerbehinderten Menschen erfordert. Der Arbeitgeber ist durch seine Fürsorgepflicht gehalten, den Arbeitnehmer nicht zu überfordern. Die Zuweisung ist nicht an die Zustimmung der Hauptfürsorgestelle gebunden, sie stellt keine kündigungsgleiche Handlung dar. Das Kündigungsschutzrecht darf jedoch nicht umgangen werden. Mit der Zuweisung einer neuen Tätigkeit darf nicht die beliebige Änderung der Arbeitsbedingungen einhergehen. Die Zuweisung muss sich in den Grenzen des Zumutbaren bewegen und darf keinen Widerspruch zu einem ausdrücklich vertraglich vereinbarten →Tätigkeitsbild darstellen.

> **Hinweis**
> Sofern eine Zuweisung eines leidensgerechten Arbeitsplatzes vom Direktionsrecht nicht mehr erfasst und damit unzulässig ist, bleibt dem Arbeitgeber nur der Ausspruch einer Kündigung aus personenbedingten/krankheitsbedingten Gründen, gegebenenfalls auch in Form der Änderungskündigung.

## 54) Sommer- und Winterzeit

Bei der Umstellung der Uhren auf Sommerzeit arbeitet der Arbeitnehmer eine Stunde weniger. Der Arbeitnehmer kann diese Stunde nicht nach- oder vorarbeiten. Arbeitszeit hat Fixcharakter und kann nur zur geschuldeten Zeit geleistet werden, die Leistung einer vollen Schicht bei der Einführung der Sommerzeit ist folglich unmöglich. Bei der Umstellung der Uhren auf Winterzeit hingegen arbeitet der Arbeitnehmer eine Stunde mehr. Diese Stunde ist als Überstunde zu qualifizieren, die im Sinne von § 3 ArbZG in Freizeit abzugelten ist.

## 55) Sommer- und Winterarbeitszeit

Der Arbeitgeber hat das Recht, die →Arbeitszeit den saisonalen Bedürfnissen anzupassen. Wie die Gestaltung der Arbeitszeit generell, muss sich dies jedoch entweder ausdrücklich aus dem Arbeitsvertrag oder aber aus der Tätigkeit in einer besonderen Branche kraft Auslegung ergeben. Insbesondere in Saisonbetrieben ist ein solches Direktionsrecht eröffnet, wenn die durchschnittliche Vergütung entsprechend angepasst ist.

## 56) Sonn- und Feiertage

Das Direktionsrecht ist bei einem Arbeitseinsatz an Sonn- und Feiertagen beschränkt. § 9 ArbZG normiert den Schutz eines Arbeitnehmers vor dem Personaleinsatz an Sonn- und Feiertagen. An diesen Tagen gilt ein generelles Beschäftigungsverbot. Der geschützte Tag reicht von 0.00 bis 24.00 Uhr. Die Sonn- und Feiertagsruhe für Jugendliche ist ausdrücklich nochmals in §§ 17, 18 JArbSchG geregelt. Eine vergleichbare Schutzvorschrift findet sich auch für stillende und werdende Mütter in § 8 I 1 MuSchG. Zu der Grundsatzregelung des § 9 ArbZG hält allerdings § 10 ArbZG einen umfassenden Ausnahmekatalog bereit, erfasst werden folgende Fälle

- Not- und Rettungsdienste
- Dienste zur Aufrechterhaltung der öffentlichen Sicherheit
- Dienste in Krankenhäusern

- Dienste in Gaststätten
- Musikaufführungen, Theatervorstellungen u.a.

Ebenfalls kann eine abweichende Regelung in einem Tarifvertrag oder einer Betriebsvereinbarung getroffen werden – § 12 ArbZG. Gemäß § 11 I ArbZG müssen 15 Sonntage im Jahr unbedingt frei bleiben. Außerdem gibt § 11 III ArbZG dem Arbeitnehmer einen Anspruch auf einen Ersatzruhetag, sofern er an einem Sonntag beschäftigt wurde. Dieser muss innerhalb von zwei Wochen gewährt werden.

**Vorschriften: §§ 9, 10, 11, 12 ArbZG, 17, 18 JArbSchG, 8 I 1 MuSchG**

**Hinweis**
Sonntagszuschläge bis 50% des Grundlohnes sind lohnsteuerfrei; § 3b I Nr. 2 EStG. Zuschläge für Arbeit am 31. Dezember ab 14 Uhr und an den gesetzlichen Feiertagen sind bis 125 % lohnsteuerfrei; § 3b I Nr. 3 EStG. Ausnahmsweise sind die Zuschläge bis 150% des Grundlohnes lohnsteuerfrei, sofern es sich um geleisteter Arbeit am 24. Dezember ab 14 Uhr und am 25. und 26. Dezember sowie am 1. Mai handelt; § 3b I Nr. 4 EStG.

## 57) Streikbruch

Die Aufforderung des Arbeitgebers an seine Mitarbeiter, Streikbrucharbeiten zu leisten, ist nicht vom Direktionsrecht gedeckt und kann vom Arbeitnehmer sanktionslos abgelehnt werden. Die verfassungsrechtlich gesicherte Koalitionsfreiheit des Art. 9 III GG garantiert dem Arbeitnehmer seine weitgehende Rechtsposition; allerdings nur bis zur Grenze der Notsituation.

## 58) Tätigkeiten BAT

Das Direktionsrecht des Arbeitgebers im öffentlichen Dienst erstreckt sich auf alle Tätigkeiten, die die Merkmale der Vergütungsgruppe erfüllen, für die der Arbeitnehmer eingestellt worden ist. Danach können dem Arbeitnehmer grundsätzlich auch andere Tätigkeiten zugewiesen werden, soweit sie den Merkmalen dieser Vergütungsgruppe entsprechen. Unerheblich ist, ob aus der einschlägigen Fallgruppe dieser Vergütungsgruppe ein Bewährungsaufstieg in eine höhere Vergütungsgruppe möglich ist oder nicht.

**BAG**, *Urteil vom 21. November 2002, Az.: 6 AZR 82/01 (Das Direktionsrecht eines Arbeitgebers im öffentlichen Dienst erstreckt sich regelmäßig auf die Zuweisung solcher Tätigkeiten, die den Merkmalen der Vergütungsgruppe entsprechen, für die der Arbeitnehmer nach dem Arbeitsvertrag eingestellt worden ist.)*

## 59) Tätigkeitsbild

Das Tätigkeitsbild kann arbeitsvertraglich in verschiedener Form umschrieben werden. Je konkreter die Umschreibung ist, desto mehr ist die Zuweisung einer neuen Tätigkeit dem Direktionsrecht entzogen. Folgende Umschreibungen der arbeitsvertraglich geschuldeten Leistung sind denkbar:

- bestimmte Tätigkeit (Teppichverkäufer, Tierpfleger),
- fachliche Umschreibung/Berufsbezeichnung (Kindergärtnerin, Maurer, Schlosser, Verkäufer),
- generalisierende Umschreibung (Hilfsarbeiter).

## 60) Tätigkeitszuweisung

Sofern und soweit der Arbeitsvertrag keine Beschränkung der Tätigkeit vorsieht, ist der Arbeitgeber berechtigt, dem Arbeitnehmer eine andere zumutbare Tätigkeit zuzuweisen (→Umsetzung). Voraussetzungen sind hierfür:

- kein arbeitsvertraglicher, tarifvertraglicher oder gesetzlicher Ausschluss,
- keine Willkür,
- billiges Ermessen und Zumutbarkeit = Interessenabwägung (Betriebsnotwendigkeit gegen Arbeitnehmerinteressen),
- keine unangemessene Benachteiligung im Sinne von § 307 BGB (Transparenzgebot).

Bei der Interessenabwägung spielen zugunsten des Arbeitnehmers bei der Zuweisung anderweitiger Tätigkeit regelmäßig folgende Aspekte eine Rolle:

- keine minderwertige Tätigkeit gegenüber der bisher arbeitsvertraglich geschuldeten (arbeitsvertraglicher Kernbereich),
- finanzielle Einbußen des Arbeitnehmers,
- Beschäftigung im Rahmen der Fähigkeiten und Kenntnisse des Arbeitnehmers.

Bei einem unbefristeten, über Jahre andauernden Arbeitsverhältnis ist ein solches Anpassungsbedürfnis des Arbeitgebers regelmäßig höher als bei kurzen befristeten Arbeitsverhältnissen.

### Hinweis: Kündigungsrecht
Die Möglichkeit der Zuweisung einer anderen Tätigkeit kraft Direktionsrecht – so genannte →Umsetzung – erschwert das Kündigungsrecht des Arbeitgebers aufgrund dringender betrieblicher Erfordernisse – § 1 II 3 KSchG schließt eine solche Kündigung aus, wenn eine Weiterbeschäftigung auf einem anderen Arbeitsplatz kraft Direktionsrecht zugewiesen werden kann.

**BAG**, Urteil vom 23. Juni 1993, Az.: 5 AZR 337/92 (Auch dann, wenn der Arbeitgeber kraft seines Direktionsrechts grundsätzlich befugt ist, den Arbeitsbereich des Arbeitnehmers zu verkleinern, muß seine Maßnahme billigem Ermessen entsprechen (§ 315 Abs. 3 BGB). Dazu gehört, daß alle wesentlichen Umstände des Falles abgewogen und die beiderseitigen Interessen angemessen berücksichtigt sind.)

## 61) Tätigkeitszuweisung höherwertige Tätigkeit

Die Zuweisung einer höherwertigen Tätigkeit ist grundsätzlich zulässig, wenn sie in einer Klausel allgemein zugelassen ist. Eine Beispielsklausel könnte lauten:

### Tätigkeitsklausel – hochwertig
Der Arbeitnehmer wird als (... konkrete Tätigkeitsbeschreibung ...) eingestellt. Bei Bedarf können ihm auch Aufgaben eines (...konkrete Tätigkeitsbeschreibung ...) übertragen werden. Die Vergütung richtet sich zum Zeitpunkt der Zuweisung nach der übertragenen Tätigkeit.

Die Zulässigkeit eines so geschaffenen Direktionsrechts hängt allerdings von der Regelung über die Vergütungsanpassung ab. Sofern eine Lohnanpassung nicht vorgesehen ist und auch nicht vorgenommen wird, ist das Direktionsrecht unwirksam. Die Beförderung ohne Vergütungsanpassung kann eine erhebliche Störung des gegenseitigen Vertragsverhältnisses darstellen. Mehr Leistung bei gleichem Lohn stellt eine einseitige Verminderung der Hauptleistungspflicht des Arbeitgebers dar, dem Arbeitnehmer den geschuldeten Lohn zu bezahlen.

Die Zuweisung einer vorübergehend höherwertigen Tätigkeit ohne vertragliche Grundlage richtet sich nach den Grundsätzen des billigen Ermessens - §§ 106 GewO, 315 BGB. Hierbei erfolgt eine doppelte Billigkeitsprüfung:

- Erster Schritt: Tätigkeitsübertragung an sich billig
- Zweiter Schritt: Nicht-Dauerhaftigkeit der Übertragung billig.

Die erste Stufe richtet sich nach der Ausgestaltung des Arbeitsvertrags sowie der fachlichen Qualifikation des Arbeitnehmers. Der Arbeitnehmer darf nicht mit höherwertigen Tätigkeiten betraut werden, die er wegen mangelnder Qualifikation und beruflicher Erfahrung nicht erfüllen kann. Namentlich problematisch ist regelmäßig die zweite Stufe der Prüfung. Die Nichtdauerhaftigkeit ist beispielsweise in folgenden Fallgruppen billig:

- in Vertretungsfällen im Sinne von § 24 II BAT
- bei Vorliegen eines sachlichen Grundes gemäß § 14 I TzBfG.

§ 24 II BAT sieht grundsätzlich die Zulässigkeit der Übertragung einer vorübergehenden höherwertigen Tätigkeit in Fällen der Vertretung vor. Dieser sachliche Grund ist auch in allen anderen Arbeitsverhältnissen, auf die der BAT nicht anwendbar ist, anerkannt. Die sachlichen Gründe richten sich im Übrigen nach den Grundsätzen des Befristungsrechts und ergeben sich aus § 14 I TzBfG, soweit sie auf den vorliegenden Fall – Übertragung einer höherwertigen Tätigkeit – der Natur nach anwendbar sind. In Betracht kommen folgende Fallgruppen des § 14 I TzBfG:

- betrieblicher Bedarf vorübergehender Natur – Nr. 1
- Beschäftigung zur Vertretung eines anderen Arbeitnehmers – Nr. 3
- zur Erprobung mit der höherwertigen Tätigkeit – maximal zulässiger Zeitraum 6 Monate – Nr. 5.

**Vorschrift: §§ 24 BAT, 14 I TzBfG**

**BAG**, Urteil vom 17. April 2002, Az.: 4 AZR 174/01 (§ 24 BAT setzt für die vorübergehende Übertragung einer höherwertigen Tätigkeit die Möglichkeit einer solchen Maßnahme in Ausübung des Direktionsrechts voraus und gestaltet diese Maßnahme. 2. Deshalb muß die vorübergehende Übertragung einer höherwertigen Tätigkeit in entsprechender Anwendung von § 315 BGB nach billigem Ermessen erfolgen. Das billige Ermessen der Ausübung des Direktionsrechts muß sich auf die Tätigkeitsübertragung „an sich" und die „Nicht-Dauerhaftigkeit" der Übertragung beziehen - „doppelte Billigkeit".)

**BAG**, Urteil vom 16. Januar 1991, Az.: 4 AZR 301/90 (1. Die nur vorübergehende Übertragung einer höherwertigen Tätigkeit darf als arbeitsvertragliches Gestaltungsmittel nicht funktionswidrig verwendet werden. Sie kommt in Betracht, wenn die wahrzunehmende Tätigkeit keine Daueraufgabe darstellt oder der bisherige Arbeitsplatzinhaber nur vorübergehend abwesend ist oder sonstige berechtigte Interessen des Arbeitgebers einer sofortigen Übertragung der Tätigkeit auf Dauer entgegenstehen. Eine Daueraufgabe liegt auch dann vor, wenn ständiger Vertretungsbedarf besteht. 2. Überträgt der Arbeitgeber einem Arbeitnehmer eine höherwertige Tätigkeit auf Dauer oder rechtsmißbräuchlich nur vorübergehend, ist er arbeitsvertraglich zur Zahlung der Vergütung nach der höheren Vergütungsgruppe verpflichtet, auch wenn er den Personalrat nicht beteiligt hat.)

## 62) Tätigkeitszuweisung minderwertige Tätigkeit

Die Zuweisung einer anderen Tätigkeit widerspricht prinzipiell dann dem Direktionsrecht, wenn und soweit diese gegenüber den arbeitsvertraglichen Verpflichtungen minderwertig ist. Ausnahmsweise ist dies nur möglich, wenn sich im Arbeitsvertrag eine entsprechende Öffnungsklausel befindet:

### Tätigkeitsklausel – minderwertig
Der Arbeitgeber ist berechtigt, dem Arbeitnehmer vorübergehend oder dauerhaft Tätigkeit xy (nähere Beschreibung der geringerwertigen Tätigkeit) zuzuweisen. Die Zuweisung bleibt auf die vereinbarte Vergütung ohne Einfluß.

Die Wirksamkeit richtet sich nach folgenden Kriterien:

- arbeitsvertraglich oder tarifvertraglich zugelassen,
- vereinbartes Entgelt bleibt trotz geringerwertiger Tätigkeit erhalten,
- Grenzen der Zumutbarkeit.

Sofern mit der Zuweisung einer geringerwertigen Tätigkeit auch die Reduzierung des Lohns einhergeht, ist die Zuweisung einer solchen Tätigkeit rechtswidrig. Ausgenommen hiervon sind die Fälle der rechtmäßigen →Anpassungs- und Entwicklungsklauseln, wie sie in Chefarztverträgen üblich und anerkannt sind.

**LAG Hamm**, *Urteil vom 13. Dezember 1990, Az.: 16 Sa 1297/90 (1. Ist ein Arbeitnehmer als kaufmännischer Angestellter eingestellt worden, kann ihm der Arbeitgeber jederzeit eine andere kaufmännische Tätigkeit zuweisen. 2. Die zulässige, im Wege des Direktionsrechts vom Arbeitgeber einseitig angeordnete Umgestaltung der arbeitsvertraglichen Leistungspflichten des Arbeitnehmers findet indessen dort ihre Grenzen, wo sie zu einer dauerhaften Absenkung des qualitativen Niveaus der Arbeitsleistung (so genanntes Sozialbild) führt, selbst wenn dem Arbeitnehmer die bisherige Vergütung der Höhe nach erhalten bleibt. Ein solcher Eingriff in das Arbeitsverhältnis ist nur durch Ausspruch einer sozial gerechtfertigten Änderungskündigung möglich.)*

## 63) Technischer Zeichner

Die Qualifikation eines als technischer Zeichner eingestellten Mitarbeiters verbietet es dem Arbeitgeber, diesen – auch nur vorübergehend – mit Fax- und Kopieraufträgen zu betrauen.

**ArbG Frankfurt**, *Urteil vom 29. Mai 2002, Az.: 9 Ca 8561/01 (Es überschreitet das Direktionsrecht, wenn die Arbeitgeberin einer Angestellten, die als Technische Zeichnerin eingestellt ist, die Betreuung von Fax- und Kopiergerät der Abteilung überträgt.)*

## 64) Teilzeitarbeit

Sofern zwischen den Parteien Teilzeitarbeit vereinbart ist beziehungsweise sich die Tätigkeit auf eine bestimmte Stundenzahl konkretisiert hat, kann der Arbeitgeber die Arbeitszeit nicht mehr einseitig durch Direktionsrecht verändern. Gleiches gilt, wenn sich die Arbeitszeitgestaltung auf ein bestimmtes Bild konkretisiert hat, dann entzieht sich die Bestimmung der Dauer und der Lage der Arbeitszeit dem Direktionsrecht. Insoweit gibt es keinen substantiellen Unterschied zu Vollzeitbeschäftigten. Teilzeitbeschäftigte sind in den aufgestellten Dienstplänen schichtplanmäßig genauso einzuplanen wie Vollzeitbeschäftigte. Allerdings können Teilzeitkräfte nur ganz ausnahmsweise zu →Mehrarbeit oder →Überstunden herangezogen werden. Unter normalen Umständen hat der Beschäftigte durch sein Teilzeitbegehren gerade zum Ausdruck gebracht, keine über dieses Maß hinausgehenden Überstunden leisten zu wollen. Eine Ausnahme liegt dann vor, wenn eine Notsituation das erfordert, dies arbeitsvertraglich vorgesehen ist oder die besonderen Umstände gerade nicht auf einen solchen Willen des Arbeitnehmers schließen lassen. Letzteres ist der Fall:

- Teilzeitarbeit wurde durch den Arbeitgeber veranlasst (z.B. bei verminderten Arbeitsbedarf)
- Altersteilzeit
- Arbeitsplatzteilung (Jobsharing).

Der Arbeitgeber hat unter Umständen einen Anspruch des Arbeitnehmers auf Teilzeit gemäß § 8 I TzBfG zu befriedigen, sofern betriebliche Erfordernisse dem nicht entgegenstehen. Die Hürde der Darlegung der entgegenstehenden betrieblichen Erfordernisse durch Arbeitgeber ist dabei allerdings nicht so hoch wie bei den dringenden betrieblichen Erfordernissen des Kündigungsrechts gemäß § 1 II KSchG. § 11 TzBfG normiert ein Kündigungsverbot, sofern ein Arbeitnehmer von Vollzeit in Teilzeit wechseln möchte und umgekehrt. Dieses Verbot stellt damit nachdrücklich klar, dass insoweit kein Direktionsrecht gegeben ist.

**Vorschriften: §§ 8, 11 TzBG, § 1 II KSchG**

***BAG**, Urteil vom 01. Dezember 1994, Az.: 6 AZR 501/94 (1. Wird eine hälftig teilzeitbeschäftigte Pflegekraft zur gleichen Zahl von Wochenenddiensten herangezogen wie eine vollzeitbeschäftigte Pflegekraft, so* *wird sie gegenüber dieser nicht wegen der Teilzeit ungleich behandelt. 2. Ob dann, wenn die wöchentliche Arbeitszeit der Teilzeitkraft nicht im gleichen Verhältnis wie bei den Vollzeitkräften auf den Wochenenddienst und den Dienst an den übrigen Wochentagen verteilt wird, eine nach § 2 Abs. 1 BeschFG 1985 unzulässige Ungleichbehandlung wegen der Teilzeit vorliegen kann, bleibt unentschieden.)*

## 65) Überstunden/Arbeitszeitkonto

### Überstunden
sind die Arbeitszeit, die über die regelmäßige Arbeitszeit für die Woche (dienstplanmäßig oder betriebsüblich) hinausgeht.

### Musterklausel: Überstunden
1. Der Arbeitnehmer erklärt sich bereit, über die vereinbarte Arbeitszeit hinaus auf Anordnung Überstunden zu leisten. Für die Anordnung von Überstunden gilt eine Ankündigungsfrist von 48 Stunden als vereinbart. Wird diese Ankündigungsfrist unterschritten, hat der Arbeitnehmer das Recht, die Erbringung von Überstunden zu verweigern, außer in begründeten Notsituationen.
2. Angeordnete Überstunden sollen innerhalb eines Zeitraums von zwei Monaten nach Erbringung durch eine entsprechende zusammenhängende Freizeit ausgeglichen werden. Zusätzlich zum Freizeitausgleich wird für jede geleistete Überstunde ein Zeitzuschlag von 25% der Stundenvergütung bezahlt. Der Zeitzuschlag wird bereits für den Monat gezahlt, in dem die Überstunden geleistet wurden und ist im übernächsten Kalendermonat auszuzahlen.
3. Ist der Ausgleich aus betrieblichen Gründen nicht möglich, erhält der Arbeitnehmer für jede geleistete Überstunde neben dem Zeitzuschlag von Abs. 2 ihre Stundenvergütung ausgezahlt. Die Auszahlung der Stundenvergütung erfolgt im übernächsten Kalendermonat nach Ablauf des Ausgleichszeitraums.

Der Arbeitgeber ist grundsätzlich berechtigt, Überstunden von seinem Arbeitnehmer kraft Direktionsrecht zu verlangen. Dies gilt insbesondere, wenn der Arbeitsvertrag die Ableistung von Überstunden vorsieht. Die Treuepflicht des Arbeitnehmers verlangt aber auch ohne vertragliche Regelung im Rahmen des billigen Ermessens die Ableistung von Überstunden. Ohne Regelung im Arbeitsvertrag droht allerdings die Anordnung von Überstunden an den Grenzen des billigen Ermessens zu scheitern, wenn sie faktisch regelmäßig angeordnet werden. Die Überstunden stellen dann Regelarbeitszeit dar und diese ist regelmäßig durch die Wochenarbeitszeit limitiert. Sofern Tarifverträge die Anordnung von Überstunden zulassen, hat der Arbeitgeber gemäß § 2 III NachwG in Verbindung mit § 2 I Nr. 7 NachwG auch hierauf im Arbeitsvertrag gesondert hinzuweisen. Namentlich bei →Teilzeitbeschäftigten ist das Direktionsrecht zur Anordnung von Überstunden regelmäßig beschränkt auf die Fälle, in denen eine ausdrückliche arbeitsvertragliche Regelung die Anordnung vorsieht. Die Ableistung unzulässig angeordneter Überstunden kann der Arbeitnehmer verweigern, ohne mit einer Abmahnung oder eine Kündigung rechnen zu müssen.

Sofern die Ableistung von Überstunden vertraglich vereinbart ist, setzt das Arbeitszeitgesetz dem jedoch Grenzen. Ausnahmsweise ist eine Verlängerung der Arbeitszeit bis zur maximalen Grenze von 10 Stunden pro Werktag möglich. Die Anordnung von Überstunden setzt nach § 3 S. 2 ArbZG voraus, dass innerhalb eines Zeitraums von sechs Monaten beziehungsweise 24 Wochen im Durchschnitt nicht mehr als 8 Stunden pro Werktag gearbeitet werden – das entspricht maximal 1.152 Stunden (6 Werktage mal 8 Stunden mal 24 Wochen). Dabei ist es unerheblich, wann der Arbeitnehmer die längere und wann die kürzere werktägliche Arbeitszeit ableistet. Entscheidend ist nur, dass der Arbeitgeber dafür Sorge trägt, dass in den 24 Wochen die Mehrarbeit durch Minderarbeit kompensiert wird. Hierzu kann der Arbeitgeber ein Arbeitszeitkonto einrichten und Zeiterfassungssysteme installieren. Gemäß § 14 ArbZG ist eine Mehrarbeit auch ohne Kompensation zulässig. Dies betrifft insbesondere Fälle in der Lebensmittelbranche. Drohen Lebensmittel zu verderben, ist der Arbeitgeber berechtigt, Mehrarbeit anzuordnen. Überstunden und Mehrarbeit, die nicht im Rahmen eines Arbeitszeitkontos ausgeglichen werden, sind zusätzlich zu vergüten. Voraussetzungen für die Vergütungspflicht sind:

- tatsächliche Ableistung der Überstunden durch den Mitarbeiter und
- Anordnung oder duldende Entgegennahme durch den Arbeitgeber.

Der Arbeitnehmer ist regelmäßig für die Durchsetzung eines Anspruchs auf Vergütung aus Überstunden für diese Voraussetzungen darlegungs- und beweisbelastet. Regelmäßig sehen die einschlägigen Tarifverträge auch ein gemessen am Grundlohn erhöhtes Entgelt vor.

Besonderheiten stellt das Jugendarbeitsschutzgesetz auf. § 8 I JArbSchG sieht eine Arbeitszeit von 8 Stunden vor. In Abweichung zu § 3 ArbZG ist eine Verlängerung nach § 8 III JArbSchG auf maximal achteinhalb Stunden möglich. Bei der Arbeitszeit normiert § 87 Nr. 3 BetrVG ein Mitbestimmungsrecht zugunsten des Betriebsrats.

**Vorschriften: §§ 3, 14 ArbzG, 8 JArbSchG, 2 NachwG, 87 BetrVG**

*LAG Köln*, *Urteil vom 22. Juni 1994, Az: 2 Sa 1087/93 (1. Bei der Gestaltung der Arbeitsbedingungen durch Ausübung des Direktionsrechts ist der Arbeitgeber an die Grundsätze billigen Ermessens gebunden. Er hat bei der in diesem Zusammenhang gebotenen Abwägung der beiderseitigen Interessen auch den Grundsatz der Gleichbehandlung zu beachten. Deshalb darf er nicht ohne sachlichen Grund einen einzelnen Arbeitnehmer von der Ableistung der Überstunden ausschließen, wenn alle vergleichbaren Mitarbeiter durch die Heranziehung zu Überstunden eine erhebliche Lohnsteigerung erzielen können. 2. Entspricht die Weisung des Arbeitgebers billigem Ermessen, kann sich aus der Fürsorgepflicht die Verpflichtung ergeben, nach angemessener Zeit zu überprüfen, ob durch erneute Ausübung des Direktionsrechts eine den Arbeitnehmer weniger belastende Gestaltung der Arbeitsbedingungen herbeigeführt werden kann.)*

## 66) Umsetzung

**Umsetzung**
ist die Zuweisung einer neuen Tätigkeit, die in ihrer Art mit einer unwesentlichen Änderung der Tätigkeit nach Ort, Art und Umfang verbunden ist.

Eine unwesentliche Änderung des →Tätigkeitsbildes nach Art und Ort folgt grundsätzlich billigem Ermessen. Die Qualität der Veränderung des Tätigkeitsbildes ist damit auch entscheidendes Abgrenzungskriterium zur →Versetzung. Maßstab für eine Unzulässigkeit kann nur der Verstoß gegen Gesichtspunkte der Willkür und gegen den Gleichheitsgrundsatz sein.

## 67) Umsetzung - Belegschaftsstreit

Sofern die Umsetzung der Bereinigung eines Streits oder Konflikts unter Mitarbeitern dient, ist auch dies in die Abwägung einzubeziehen. Je nach Vehemenz der Auseinadersetzung und zur Aufrechterhaltung des Betriebsfriedens und damit Gewährleistung der Erreichung des betrieblichen Zwecks können eine Umsetzung und auch eine Versetzung in einen anderen Betrieb (z.B. andere Filiale) vom Direktionsrecht gedeckt sein. Auf ein Verschulden kommt es nicht an. Die Interessen der am Konflikt Beteiligten sind ebenso zu berücksichtigen wie die der übrigen Arbeitnehmer.

**BAG**, *Urteil vom 24. April 1996, Az.: 5 AZR 1031/94 (Bestehen zwischen Arbeitnehmern Spannungen, so kann der Arbeitgeber dem durch Umsetzung eines der Arbeitnehmer begegnen. Der Arbeitgeber ist nicht gehalten, anstelle der Umsetzung eine Abmahnung auszusprechen.)*

## 68) Untersuchungspflicht

Neben § 7 BAT – Ärztliche Untersuchung – kann sich der Arbeitgeber vertraglich vorbehalten, den Arbeitnehmer bei Bedarf zu einem durch den Arbeitgeber bestimmten Arzt (Medizinischer Dienst) zu schicken, um die Arbeitsfähigkeit des Arbeitnehmers feststellen beziehungsweise bestätigen zu lassen. Ohne entsprechende Klausel wird eine Anweisung zur medizinischen Untersuchung nur dann vom Direktionsrecht gedeckt, wenn den Arbeitgeber eine besondere Fürsorgepflicht trifft, die es ihm auferlegt, seinen Mitarbeiter entsprechend seiner gesundheitlichen Disposition einzusetzen. Eine solche Fürsorgepflicht kommt regelmäßig bei körperlich arbeitenden Arbeitnehmern in Betracht, denen erfahrungsgemäß gesundheitliche Spätfolgen aufgrund ihrer Tätigkeit drohen.

**BAG**, *Urteil vom 14. Dezember 1995, Az.: 6 AZR 950/94 (allgemein zur Betriebsärztlichen Untersuchung außerhalb der Arbeitszeit)*

## 69) Urlaub

**Urlaub**
ist der Anspruch des Arbeitnehmers auf bezahlte Freistellung und dient der Wiederherstellung seiner Arbeits- und Leistungsfähigkeit.

Die Gewährung von Urlaub ist im Bundesurlaubsgesetz (BUrlG) geregelt. Urlaub ist regelmäßig auch Gegenstand von Tarifverträgen und kann überdies in Arbeitsverträgen unter Beachtung der Mindestgrenzen aus dem Bundesurlaubsgesetz geändert werden.

Das Gesetz knüpft folgende Voraussetzungen an den Urlaubsanspruch:

- Anordnung durch den Arbeitgeber,
- Erfüllung der Wartezeit von sechs Monaten nach § 4 BUrlG,
- Kein Verfall des Urlaubsanspruchs gemäß § 7 III BUrlG,
- Tatsächliche Urlaubsfähigkeit des Arbeitnehmers – entfällt, wenn der Arbeitnehmer arbeitsunfähig erkrankt ist.

Der Arbeitnehmer hat nicht das Recht, sich den Urlaub selbst zu nehmen, andernfalls droht ihm die fristlose Kündigung. Vielmehr ist es eine unternehmerische Entscheidung des Arbeitgebers. Im Interesse der Aufrechterhaltung des Betriebs entscheidet grundsätzlich der Arbeitgeber im Rahmen des Direktionsrechts, wann ein Mitarbeiter entbehrlich ist. Dies hat er allerdings aufgrund seiner Fürsorgepflicht unter Berücksichtigung der Interessen des Arbeitnehmers zu tun und mit seinem Interesse abzuwägen. Insoweit beschränkt § 7 I BUrlG das Direktionsrecht des Arbeitgebers erheblich. Die Urlaubswünsche des Arbeitnehmers sind bei der Urlaubsgewährung maßgeblich zu berücksichtigen. § 7 I BUrlG beschränkt das Direktionsrecht auf dringende betriebliche Belange. Nur soweit solche dem Urlaubswunsch des Arbeitnehmers entgegenstehen, kann der Arbeitgeber die Urlaubsgewährung verweigern. Solche dringenden betrieblichen Belange können sein:

- Unterbesetzung im Betrieb oder der Abteilung wegen unvorhersehbarer nicht planbarer Umstände (hoher Krankenbestand, kurzfristige Kündigung anderer Mitarbeiter,
- Ferienzeit (Einzellfallbetrachtung),
- unerwartet hohe Arbeitsbelastung – z.B. durch zusätzliche Aufträge,

- besonders arbeitsintensive Zeit (Schlussverkäufe, Weihnachten, Grippewellen),
- Betriebsferien.

Die Ferienzeit stellt insoweit einen Sonderfall dar. Hier stehen Urlaubswünsche anderer Mitarbeiter im Raum. Der Arbeitgeber muss in der Lage sein, den Betrieb in seinen Grundfunktionen aufrecht zu erhalten. In diesem Falle hat der Arbeitgeber abzuwägen und nach sozialen Gesichtpunkten den Urlaub zu gewähren – Faktoren sind:

- schulpflichtige Kinder,
- Familienstand und Urlaubsmöglichkeiten des Partners,
- Gewährleistung von Urlaub bei den betroffenen Mitarbeitern in der Vergangenheit,
- Alter und Betriebszugehörigkeit,
- erstmaliger oder wiederholter Urlaub im Kalenderjahr,
- Erholungsbedürftigkeit (besonders arbeitsintensiver Einsatz in jüngster Vergangenheit, schwerwiegende Krankheit).

**Hinweis**
Sofern kein dringendes Beschäftigungsinteresse besteht, hat der Arbeitnehmer einen einklagbaren Anspruch auf Urlaubsgewährung, den er auch im einstweiligen Rechtsschutz geltend machen kann.

Der Urlaubsanspruch entsteht erstmalig nach sechs Monaten Betriebszugehörigkeit. Der Urlaub muss im laufenden Kalenderjahr genommen werden – § 7 III 1 BUrlG. Eine Übertragung auf das neue Jahr ist gemäß § 7 II 2 BUrlG nur statthaft, wenn der Arbeitnehmer:

- den Urlaub im alten Jahr beantragt hat,
- dieser im alten Jahr auch noch in vollem Umfang möglich war und
- der Arbeitgeber diesen aus betrieblichen Gründen abgelehnt hat.

In diesem Fall setzt § 7 III 2 BUrlG eine weitere und dann abschließende zeitliche Grenze. Der übertragene Urlaub muss innerhalb von drei Monaten – also bis spätestens 31.03. des Folgejahres – genommen werden. Sofern dies nicht geschieht und keine individualrechtliche Vereinbarung zwischen Arbeitgeber und Arbeitnehmer getroffen wurde, ist der Urlaubsanspruch unwiderruflich verfallen. Allenfalls denkbar ist, dass den Arbeitgeber eine Schadensersatzpflicht trifft, wenn er die nach

§ 7 III BUrlG angeordnete rechtliche Unmöglichkeit der Urlaubsgewährung zu verantworten hat. Dies ist eine Frage des Einzelfalls. Nur ausnahmsweise ist eine Übertragbarkeit ins Folgejahr gemäß § 7 III 3 BUrlG generell möglich, wenn der Arbeitnehmer aufgrund der Wartezeit den Urlaub im alten Jahr gar nicht mehr nehmen konnte. Eine solche weitergehende Übertragung kann auch zwischen den Parteien vereinbart werden.

Der Arbeitgeber ist berechtigt, wenn der Arbeitnehmer keinen Urlaubswunsch im Kalenderjahr äußert, den Urlaubszeitraum für den Arbeitnehmer festzusetzen. Dem Arbeitnehmer steht dann ein Annahmeverweigerungsrecht zu, welches an keine besonderen, wichtigen Gründe geknüpft ist. Laufen allerdings die Fristen des § 7 BUrlG ab, verfällt der Anspruch auf Urlaubsgewährung ohne jeglichen Ersatzanspruch. Nimmt der Arbeitnehmer den Urlaub an, erlischt sein Anspruch auf Urlaubsgewährung.

§ 3 BUrlG regelt den Mindestanspruch mit 24 Werktagen Urlaub. Für schwerbehinderte Menschen sieht § 125 SGB IX einen Zusatzurlaub von fünf Urlaubstagen vor. Ebenfalls Zusatzurlaub erhalten Jugendliche altersabhängig gemäß § 19 JArbSchG. Hiervon kann arbeits- und tarifvertraglich nur zugunsten des Arbeitnehmers abgewichen werden. Eine Verkürzung des Urlaubs ist unzulässig. § 3 II BUrlG bestimmt in Anlehnung an das Arbeitszeitgesetz, dass alle Kalendertage als Werktage gelten, sofern es sich nicht um Sonn- und Feiertage handelt. Daraus ergibt sich, dass der Gesetzgeber von einer Sechs-Tage-Woche ausgeht, dem Arbeitnehmer also vier Wochen Urlaubsanspruch zusteht. Daher ist der Anspruch bei einer Fünf-Tage-Woche entsprechend umzurechnen, in diesem Fall hat der Arbeitnehmer ebenfalls nur Anspruch auf vier Wochen Urlaub – mit der Konsequenz, dass lediglich ein Anspruch auf 20 Urlaubstage besteht. Der Arbeitnehmer hat den vollen Urlaubsanspruch dann, wenn er das volle Kalenderjahr im Betrieb gearbeitet hat – andernfalls schreibt § 5 I BUrlG das sogenannte Zwölftelprinzip vor. Das Zwölftelprinzip gibt dem Arbeitnehmer lediglich einen Anspruch auf ein Zwölftel seines Urlaubs für jeden vollen Monat seiner Betriebszugehörigkeit. Eine Ausnahme stellt hier im Umkehrschluss zu § 5 I lit. c BUrlG auf. Den vollen Urlaubsanspruch erwirbt der Arbeitnehmer, wenn er nach erfüllter Wartezeit im Sinne von § 4 BUrlG (sechs Monate Bestehen des Arbeitsverhältnisses) nach dem 30.06. des Kalenderjahres ausscheidet.

Angebrochene Monate rechtfertigen hingegen keinen Urlaubsanspruch. Bruchteile von Urlaubstagen, die mindestens einen halben Tag ergeben, sind aufzurunden auf den vollen Urlaubstag. Sofern diese Bruchteile kleiner als ein halber Tag sind, ist eine Gewährung in natura ausgeschlossen. Diese müssen in Geld abgegolten werden. § 6 BUrlG stellt klar, dass ein Arbeitnehmer, der früh im Jahr bei einem alten Arbeitgeber ausscheidet, obwohl er bereits den vollen Jahresurlaub in Anspruch genommen hat, bei dem neuen Arbeitgeber nicht wiederum Urlaubsansprüche erwirbt.

**Vorschriften: §§ 3, 4, 5, 6, 7 BUrlG, 125 SGB IX, § 19 JArbSchG**

*BAG, Urteil vom 09. Juli 1981, Az.: 2 AZR 342/79 (1. Bei der Festlegung des Urlaubszeitpunktes darf der Arbeitgeber das Direktionsrecht weder willkürlich noch nach freiem Ermessen ausüben, sondern gemäß § 315 Abs. 1 BGB nur nach billigem Ermessen. Nach § 7 Abs. 1 BUrlG muß der Arbeitgeber hierbei zunächst die Urlaubswünsche des Arbeitnehmers berücksichtigen, die nur dann zurückgestellt werden können, wenn dringende betriebliche Belange oder Urlaubswünsche anderer Arbeitnehmer, die unter sozialen Gesichtspunkten den Vorrang verdienen, entgegenstehen. Schon der Grundsatz von Treu und Glauben (§ 242 BGB) gebietet es dabei dem Arbeitnehmer, seine Urlaubswünsche weder zu kurzfristig, noch zur Unzeit anzubringen. Zu spät vorgebrachte Urlaubswünsche sind für den Arbeitgeber regelmäßig unbeachtlich. Diese Grundsätze gelten nicht nur für die erstmalige Urlaubsbestimmung, sondern auch für spätere Festlegungen, durch die die bisherige Urlaubsfestsetzung abgeändert oder aufgehoben wird. 2. An die festgesetzte Urlaubszeit sind sowohl der Arbeitgeber als auch der Arbeitnehmer gebunden, d.h. zur Änderung bzw. Verlegung des festgelegten Urlaubszeitpunktes bedarf es daher grundsätzlich einer Vereinbarung zwischen Arbeitgeber und Arbeitnehmer. 3. Ein Arbeitnehmer, der eigenmächtig Urlaub nimmt, entfernt sich unbefugt vom Arbeitsplatz und hat die sich aus dieser Arbeitsvertragsverletzung ergebenden Folgen zu tragen, insbesondere kann dieses Verhalten geeignet sein, den Arbeitnehmer fristlos zu entlassen.)*

## 70) Versetzung

**Versetzung**
bedeutet die individualrechtliche, einseitige, dauerhafte Zuweisung des Arbeitnehmers an einen anderen Arbeitsplatz, die mit der wesentlichen Änderung der Tätigkeit nach Ort, Art und Umfang (anderweitigen Tätigkeit) verbunden ist.

Versetzung und →Umsetzung unterscheiden sich durch die Qualität des Eingriffs. →Versetzung und →Abordnung hingegen unterscheiden sich durch die Dauer. Kollektivrechtlich erfasst § 95 III BetrVG eine eigenständige Legaldefinition für den Begriff der Versetzung. § 12 BAT regelt die Versetzung im öffentlichen Dienst. Sofern der Arbeitsvertrag einen bestimmten Arbeitsort vorsieht, ist eine Versetzung grundsätzlich unzulässig. Beinhaltet der Arbeitsvertrag keine ausdrückliche Beschränkung des Arbeitsortes und sprechen auch sonst keine Umstände gegen eine solche arbeitsvertragliche Beschränkung des Einsatzortes richtet sich die Zulässigkeit der Versetzung nach den Grenzen der Zumutbarkeit. Die Zumutbarkeit ist eine Frage des Einzellfalls. Hierbei spielen folgende Faktoren eine Rolle:

- finanzielle Einbuße des Arbeitnehmers durch höhere Spritkosten,
- Anreisedauer (Anhaltspunkt: 2 Stunden bei bis zu 6 Stunden Arbeitszeit; $2^1/_2$ Stunden bei mehr als 6 StundenArbeitszeit – §121 IV SGB III),
- Entfernung zwischen bisherigem und neuem Arbeitsort (Richtschnur max. 100 Kilometer Differenz),
- Kostenübernahme durch den Arbeitgeber (Anspruch des Arbeitnehmers aus § 670 BGB).

Die Versetzungsmöglichkeit lässt sich wiederum durch eine Versetzungsklausel (→Konzernleihe) erweitern.

**Unternehmensbezogene Versetzungsklausel**
Der Arbeitgeber behält sich vor, den Mitarbeiter bei Bedarf auch in anderen Betrieben des Unternehmens, auch an einem anderen Ort in Deutschland zu beschäftigen.

Die Rechtmäßigkeit der Versetzung ist gerichtlich voll überprüfbar. In dem Feststellungsantrag beim Arbeitsgericht sind die Versetzungsmaßnahmen hinreichend genau zu bezeichnen.

**Hinweis**
Kündigungsrechtliche Konsequenzen
Sofern eine Versetzungsklausel in den Arbeitsvertrag aufgenommen ist, hat sich eine betriebsbedingte Kündigung hieran messen zu lassen. Eine mögliche Weiterbeschäftigung ist nicht mehr allein nur betriebsbezogen vorzunehmen (§ 1 II 2 lit. b KSchG), sondern nunmehr unternehmens- beziehungsweise konzernweit zu prüfen. Die betriebsbedingte Kündigung wird hierdurch erheblich erschwert.

**Vorschriften: §§ 95 III BetrVG, 12 BAT**

**BAG**, Beschluß vom 22. Januar 2004, Az.: 1 AZR 495/01 (Für den Begriff der Versetzung - in Abgrenzung zur bloßen Umsetzung - ist ein dauerhafter Wechsel auf einen Arbeitsplatz in einer anderen Dienststelle desselben Arbeitgebers kennzeichnend.)

**LAG Köln,** Urteil vom 26. Juli 2002; Az.: 11 Sa 383/02 (Haben Parteien für „Einzelfragen" die entsprechende Anwendung des BAT vereinbart, ist eine Versetzung in Anwendung von § 12 Abs. 1 BAT möglich. Dadurch werden nicht die tariflichen Grenzen des Direktionsrechts überschritten. Im Geltungsbereich des BAT wird das Versetzungsrecht des Arbeitgebers in der Regel nur von der Vergütungsgruppe begrenzt, die dem vom Arbeitnehmer eingenommenen Arbeitsplatz zukommt.)

**LAG Nürnberg**, Urteil vom 10. September 2002; Az.: 6 (4) Sa 66/01 (Will der Arbeitnehmer die Unwirksamkeit einer Versetzung geltend machen, so muss er entweder auf Feststellung klagen, er sei zur Befolgung der Weisung nicht verpflichtet, oder auf Beschäftigung mit bestimmten Tätigkeiten. Stellt er beide Anträge nebeneinander, so ist hierfür ein besonderes Rechtsschutzinteresse erforderlich. Ein Antrag auf „Zurücknahme der Versetzung" ist nicht zulässig.)

## 71) Wochenarbeitszeit

Die wöchentliche Arbeitszeit ist regelmäßig tarifvertraglich geregelt. Sofern der Kläger nicht lediglich auf Abruf arbeiten soll, bietet sich eine entsprechende Klausel zur Regelung der Wochenarbeitszeit an. Bei einem →Abrufarbeitsverhältnis bestimmt der Bedarf den Arbeitsumfang des Arbeitnehmers. Der Arbeitgeber kann im Rahmen seines Direktionsrechts – sofern ein Tarifvertrag oder der Arbeitsvertrag nichts anderes vorsehen – die wöchentliche Arbeitszeit nach seinem Bedarf verteilen. Diese Verteilung bemisst sich aber nach dem Rahmen der werktäglichen →Arbeitszeit im Sinne von § 3 ArbZG.

Der EuGH hat in seinem jüngsten Urteil nochmals die maximale Wochenarbeitszeit mit 48 Stunden bestätigt. Eine Verlängerung darüber hinaus ist lediglich in begründeten Ausnahmefällen zulässig; hierzu zählen die Notsituationen. § 7 I Nr. 1 ArbZG sieht zwar die Möglichkeit einer Erhöhung der „werktäglichen" Arbeitszeit über 10 Stunden und damit über den Rahmen des § 3 ArbZG vor, soweit in erheblichem Umfange Arbeitsbereitschaft oder Bereitschaftsdienst geleistet wird und ein Kompensationszeitraum festgelegt ist. Diese Vorschrift lässt aber eine höhere Wochenarbeitszeit über 48 Stunden hinaus aus europarechtlichen Vorgaben nicht zu.

**Hinweis**
Sofern eine Wochenarbeitszeit vereinbart ist, trägt regelmäßig der Arbeitgeber das Risiko der Arbeitsmöglichkeit. Sofern lediglich eine Arbeit auf Abruf vereinbart ist, trägt der Arbeitnehmer das Risiko, dass es keine Arbeit gibt.

**EuGH,** *Urteil vom 05. Oktober 2004, Az.: C-397/01 (In den Ausgangsverfahren muss das vorlegende Gericht somit alles tun, was in seiner Zuständigkeit liegt, um die Überschreitung der wöchentlichen Höchstarbeitszeit zu verhindern, die in Artikel 6 Nummer 2 der Richtlinie 93/104 auf 48 Stunden festgesetzt ist.)*

## III) Vertragsklauseln und Inhaltskontrolle

Instrument zur Steuerung des Direktionsrechts für den einzelnen Arbeitgeber – auch solche innerhalb tarifvertraglicher Bindung – ist der Arbeitsvertrag. Regelmäßig wird der Arbeitgeber hierzu formularmäßige Klauseln verwenden, die wiederum seit dem 01.01.2002 der einheitlichen Inhaltskontrolle der Allgemeinen Geschäftsbedingungen im Sinne von §§ 305 ff unterworfen sind – es gelten die Besonderheiten des Arbeitsrechts; § 310 IV 2 BGB. Als Norm für die Inhaltskontrolle dienen die Wertungsklauseln der §§ 308, 309 und der Auffangtatbestand des § 307 BGB. Eine unwirksame Klausel ist nicht auf das Maß des noch zulässigen Inhalts reduzierbar. § 306 BGB verbietet die geltungserhaltende Reduktion. Solche Klauseln sind rechtswidrig. Die zurückbleibende Lücke wird allein durch einen Rückgriff auf die gesetzlichen oder tarifvertraglichen Vorgaben geschlossen. Die Inhaltskontrolle der Rechte zur einseitigen Leistungsbestimmung durch den Arbeitgeber lassen sich nur anhand des Einzelfalls bestimmen. Allgemeine Kriterien existieren nur sehr begrenzt. Die Rechtmäßigkeit von Direktionsrechten ist aber im Wesentlichen von folgenden Kriterien bei der allgemeinen Inhaltskontrolle – § 307 BGB – bestimmt:

- Dauer des Arbeitsverhältnisses
- befristeter oder unbefristeter Vertrag
- Stellung des Arbeitnehmers im Unternehmen
- Bezugspunkt der einseitigen Leistungsbestimmung
- Kompensation im Arbeitsvertrag

**Hinweis**
Vertragsstrafenklauseln und pauschalierte Schadensersatzklauseln sind zulässig (→Rechtsfolge und Sanktionen)

Im Folgenden werden die für das Direktionsrecht typischen Vertragsklauseln als Muster wiedergegeben. Die Reihenfolge der Darstellung richtet sich nach der Systematik im Arbeitsvertrag, es wird auf die im Lexikon verwendeten Klauseln zurückgegriffen und durch weitere Musterklauseln ergänzt.

## 1) Tätigkeitsklauseln – allgemein

**Klausel: Allgemeine Umschreibung**
Herr/Frau ... wird als Angestellte eingestellt und in die Vergütungsgruppe ... eingruppiert.

**Klausel: Hauptleistungspflicht**
a) Herr/Frau ... wird als Teppichverkäufer/in eingestellt.
b) Herr/Frau ... wird als Kfz-Schlosser/in eingestellt.

**Generalklausel**
Der Arbeitnehmer wird als Aushilfe für folgende Arbeiten eingestellt: ...

**Klausel: Stellenausschreibung**
Die Stellenbeschreibung für den Arbeitsplatz ... (z. B. Schlosser, Verkäufer, etc.) ist in ihrer Fassung vom (Erstellungsdatum der bei Vertragsschluss gültigen Fassung) Bestandteil des Arbeitsvertrags.

**Klausel: Tätigkeitszuweisung nach „Fähigkeiten und Kenntnissen"**
a) Der Arbeitgeber ist berechtigt, dem Arbeitnehmer anderweitige, seinen Fähigkeiten und Kenntnissen entsprechende Aufgaben zu übertragen.
b) Der Arbeitgeber ist berechtigt, dem Arbeitnehmer innerhalb des Betriebs eine andere seinen Fähigkeiten und Kenntnissen entsprechende gleichwertige und gleich bezahlte Tätigkeit zuzuweisen.

**Klausel: Nebenpflichten**
Herr/Frau ... wird eingestellt als ... Das Arbeitsgebiet umfasst auch folgende Tätigkeiten: ...

**Klausel: Urlaubs- und Krankheitsfall**
Der Arbeitnehmer ist verpflichtet, bei Arbeitsüberlastung oder Ausfall eines Kollegen durch Krankheit, Urlaub etc. in zumutbarem Rahmen, höchstens jedoch ... Tage/Wochen, während seiner vertraglichen Arbeitszeit die Aufgaben seines Kollegen wahrzunehmen. Dies gilt insbesondere für eilbedürftige Arbeiten. Eilbedürftige Arbeiten des eigenen Aufgabengebiets haben hierbei Vorrang. Im Zweifel entscheidet darüber der Vorgesetzte.

**Klausel: Befristung von Tätigkeitsbereichsänderungen**
Der Arbeitnehmer ist bei Vorliegen betrieblicher Erfordernisse verpflichtet, für die Höchstdauer von 6 Monaten andere Aufgaben zu übernehmen, die seiner Ausbildung und Berufserfahrung entsprechen.

**Klausel: Widerrufliche Gestaltung von Tätigkeitsbeschreibungen**
Herr/Frau ... wird als Schlosser/rin eingestellt. Bis zu einem Widerruf durch den Arbeitgeber übt Herr/Frau ... die Tätigkeit eines Maschinenschlossers aus.

## 2) Tätigkeitsklauseln – minderwertig / höherwertig

Der Arbeitnehmer wird als (... konkrete Tätigkeitsbeschreibung ...) eingestellt. Bei Bedarf können ihm auch Aufgaben eines (... konkrete Tätigkeitsbeschreibung ...) übertragen werden. Die Vergütung richtet sich zum Zeitpunkt der Zuweisung nach der übertragenen Tätigkeit.

Der Arbeitgeber ist berechtigt, dem Arbeitnehmer vorübergehend oder dauerhaft (nähere Beschreibung der Tätigkeit) zuzuweisen. Die Zuweisung bleibt auf die vereinbarte Vergütung ohne Einfluss.

## 3) Anpassungsklauseln/Entwicklungsklauseln

(1) Der Krankenhausträger kann sachlich gebotene organisatorische Änderungen im Benehmen mit der Direktion und dem leitenden Arzt vornehmen.
(2) Der Krankenhausträger hat das Recht, nach dem objektiv vorliegenden Bedarf selbständige Abteilungen neu einzurichten oder abzutrennen und dafür weitere leitende Ärzte einzustellen sowie die Bettenzahl dann zu beschränken, wenn die Betten nicht nur vorübergehend leer stehen.

(1) Dem leitenden Arzt ist bekannt, dass der Träger beabsichtigt, in absehbarer Zeit einen Krankenhausneubau zu errichten.

(2) Der Krankenhausträger kann nach Anhörung des leitenden Arztes strukturelle und organisatorische Änderungen im Krankenhaus vornehmen. Insbesondere kann er, wenn dieses sachlich geboten ist:

a. den Umfang der Chirurgischen Abteilung im Klinikbereich sowie die Zahl und Aufteilung der Betten in dieser Abteilung ändern;
b. etc.

## 4) Versetzungsklauseln

### Unternehmensbezogene Versetzungsklausel
Der Arbeitgeber behält sich vor, den Mitarbeiter bei Bedarf auch in anderen Betrieben des Unternehmens, auch an einem anderen Ort in Deutschland zu beschäftigen.

### Konzernbezogen Versetzungsklausel
Der Arbeitgeber behält sich vor, den Mitarbeiter bei Bedarf auch in anderen Konzernunternehmen, auch an einem anderen Ort in Deutschland zu beschäftigen.

### Negative Versetzungsklausel
Herr/Frau ... wird als Verkäufer/in für die Filiale in X, Y-Straße, eingestellt. Eine Versetzung in eine andere Filiale ist nicht möglich.

## 5) Abordnungsklausel

Der Arbeitnehmer ist verpflichtet, vorübergehend auch Tätigkeiten, die seinen Fähigkeiten und Kenntnissen entsprechen, in einem anderen zum X-Konzern/zur Y-Gruppe gehörenden Unternehmen zu erbringen. Eine solche Abordnung hat auf die Vergütung keinen Einfluss.

## 6) Arbeitszeitklausel

1. Die wöchentliche Arbeitszeit beträgt 40 Stunden. Die Betriebszeit ist von Montag bis Samstag 8.00 – 17.00 Uhr.
2. Die Arbeitszeit verteilt sich auf Montag bis Samstag von 8.00 – 17.00 Uhr.

3. Der Arbeitgeber ist berechtigt, den Arbeitnehmer auch vor 8.00 Uhr und nach 17.00 Uhr einzusetzen.

## 7) Überstundenklausel

1. Der Arbeitnehmer erklärt sich bereit, über die vereinbarte Arbeitszeit hinaus auf Anordnung Überstunden zu leisten. Für die Anordnung von Überstunden gilt eine Ankündigungsfrist von 48 Stunden als vereinbart. Wird diese Ankündigungsfrist unterschritten, hat der Arbeitnehmer das Recht, die Erbringung von Überstunden zu verweigern, außer in begründeten Notsituationen.
2. Angeordnete Überstunden sollen innerhalb eines Zeitraums von zwei Monaten nach Erbringung durch eine entsprechende zusammenhängende Freizeit ausgeglichen werden. Zusätzlich zum Freizeitausgleich wird für jede geleistete Überstunde ein Zeitzuschlag von 25% der Stundenvergütung bezahlt. Der Zeitzuschlag wird bereits für den Monat gezahlt, in dem die Überstunden geleistet wurden und ist im übernächsten Kalendermonat auszuzahlen.
3. Ist der Ausgleich aus betrieblichen Gründen nicht möglich, erhält der Arbeitnehmer für jede geleistete Überstunde neben dem Zeitzuschlag von Abs. 2 ihre Stundenvergütung ausgezahlt. Die Auszahlung der Stundenvergütung erfolgt im übernächsten Kalendermonat nach Ablauf des Ausgleichszeitraums.

## 8) Schriftformklauseln

### Einfache Schriftformklausel
Mündliche Nebenabreden zu diesem Vertrag existieren nicht. Änderungen oder Ergänzungen dieses Vertrags bedürfen der Schriftform.

### Qualifizierte Schriftformklausel
(auch doppelte oder konstitutive Schriftformklausel)
Mündliche Nebenabreden zu diesem Vertrag existieren nicht. Änderungen oder Ergänzungen dieses Vertrags bedürfen zu ihrer Wirksamkeit der Schriftform. Eine mündliche Änderung der Schriftformklausel ist nichtig.

## 9) Vertragsstrafenklausel

Zwischen den Parteien gilt eine Vertragsstrafe in Höhe eines Bruttomonatsentgelts als vereinbart, wenn der Arbeitnehmer das Arbeitsverhältnis nicht antritt oder sich von ihm vertragswidrig löst. Die Kündigung vor Dienstantritt ist vertraglich ausgeschlossen. Für die Dauer der vereinbarten Probezeit beträgt die Kündigungsfrist zwei Wochen. Die Geltendmachung eines weitergehenden Schadens bleibt vorbehalten.

## 10) Schadensersatzklausel – pauschaliert

Der Arbeitnehmer verpflichtet sich zur korrekten Ausführung seiner ihm aufgetragenen Arbeiten. Bei Nichteinhaltung bzw. bei fahrlässigem Verhalten ist der Arbeitgeber berechtigt, den ihm durch das Arbeitsverhalten begründeten Schaden dem Arbeitnehmer in Rechnung zu stellen und in der darauf folgenden Gehaltsabrechnung in Abzug zu bringen. Für den Verlust oder die Beschädigung von Gegenständen leistet der Arbeitnehmer einen Schadensersatz bis zu einem Betrag von 200,- €. Die Geltendmachung eines weitergehenden Schadens bleibt vorbehalten. Der Arbeitnehmer ist befugt, einen niedrigeren Schaden darzulegen.

# Abkürzungsverzeichnis

ArbG; Arbeitsgericht
ArbGG; Arbeitsgerichtsgesetz
ArbZG; Arbeitszeitgesetz
BAG; Bundesarbeitsgericht
BAT; Bundesangestelltentarifvertrag
BBiG; Berufsbildungsgesetz
BetrVG; Betriebsverfassungsgesetz
BGB; Bürgerliches Gesetzbuch
BUrlG; Bundesurlaubsgesetz
EFZG; Entgeltfortzahlungsgesetz
EStG; Einkommensteuergesetz
EuGH; Europäischer Gerichtshof
GewO; Gewerbeordnung
GG; Grundgesetz
JarbSchG; Jugendarbeitsschutzgesetz
KSchG; Kündigungsschutzgesetz
LAG; Landesarbeitsgericht
MuSchG; Mutterschutzgesetz
NachwG; Nachweisgesetz
SeemG; Seemanssgesetz
SGB; Sozialgesetzbuch
TzBfG; Teilzeit- und Befristungsgesetzes
ZPO; Zivilprozessordnung

# Literaturverzeichnis

**Bährle, Jürgen,** Umfang und Grenzen des Direktionsrechts, Betrieb und Wirtschaft 2003, S. 656 – 657.

**Bauer, Jobst-Hubertus/Opolony, Bernhard,** Arbeitsrechtliche Änderungen in der Gewerbeordnung, BB 2002, S. 1590 – 1594.

**Berger-Delhey, Ulf,** Die Leitungs- und Weisungsbefugnis des Arbeitgebers, DB 1990, S. 2266 – 2270.

**Berkowsky, Wilfried,** Änderungskündigung, Direktionsrecht und Tarifvertrag – Zur Dogmatik der „überflüssigen Änderungskündigung", NZA 1999, S. 293 – 299.

**Blanke, Thomas,** Reichweite des Direktionsrechts des Arbeitgebers mit Mitarbeiterbefragungen, Der Personalrat 1996, S. 429 – 437.

**Blomeyer, Wolfgang,** in: Richardi/Wlotzke, Münchner Handbuch Arbeitsrecht, München 2000, Band I Individualarbeitsrecht I, § 48.

**Böttcher, Inge,** Direktionsrecht – Einschränkung des Aufgabenbereichs, AiB 1994, S. 50 – 51.

**Borgmann, Bernd,** Ethikrichtlinien und Arbeitsrecht, NZA 2003, S. 352 – 357.

**Conze, Peter,** Das Direktionsrecht des öffentlichen Arbeitgebers in der Rechtsprechung der Arbeitsgerichte (Teil I), ZTR 1999, S. 400 – 405.

**Conze, Peter,** Das Direktionsrecht des öffentlichen Arbeitgebers in der Rechtsprechung der Arbeitsgerichte (Teil II), ZTR 1999, S. 443 – 449.

**Düwell, Franz Josef,** Geänderte Gewerbeordnung – Neues Grundgesetz des Arbeitsrechts, FA 2003, S. 2 – 5.

**Gaul, Dieter,** Wechselbeziehung zwischen Direktionsrecht und Sozialauswahl, NZA 1992, S. 673 – 679.

**Gotthardt, Michael,** Der Arbeitsvertrag auf dem AGB-rechtlichen Prüfstand, ZIP 2002, S. 277 – 289.

**Heil, Renate Isabel,** Flexibler Personaleinsatz – Abgrenzung zwischen Versetzung kraft Direktionsrecht und Änderungskündigung, ZAP 1998, Fach 17, S. 417 – 422.

**Hoevels, Niloufar,** Kopftuch als Kündigungsgrund, NZA 2003, S. 701 – 704.

**Hromadka, Wolfgang,** Das Leistungsbestimmungsrecht des Arbeitgebers, DB 1995, S. 1609 – 1615.

**Hromadka, Wolfgang,** Das allgemeine Weisungsrecht, DB 1995, S. 2601 – 2606.

**Hunold, Wolf,** Das Direktionsrecht des Vorgesetzten, AuA 1995, S. 374 – 376.

**Hunold, Wolf,** Das Direktionsrecht des Arbeitgebers, AR-Blattei SD, April 2000, Nr. 600.

**Hunold, Wolf,** Die Rechtsprechung zum Direktionsrecht des Arbeitgebers, NZA-RR 2001, S. 337 – 347.

**Kallenborn-Schmidtke,** Direktionsrecht – Umsetzung im Rahmen des Rotationssystems, Entscheidungsbesprechung zum Urteil des Landesarbeitsgerichts Frankfurt am Main vom 21. März 1991 – 9 Sa 987/90 – , ZTR 1992, S. 102 – 103.

**Kast, Matthias/Freihube, Dirk,** Direktionsrecht und Flugreisen – Auswirkungen der Anschläge vom 11. September 2001, BB 2001, S. 2422 – 2425.

**Leßmann, Jochen,** Die Grenzen des arbeitgeberseitigen Direktionsrechts, DB 1992, S. 1137 – 114.

**Lingemann, Stefan,** Allgemeine Geschäftsbedingungen und Arbeitsvertrag, NZA 2002, S. 181 – 192.

**Papenheim, Heinz-Gert,** Wahrung des Briefgeheimnisses und Direktionsrecht des Dienstgebers, ZMV 1999, S. 56 – 57.

**Popp, Gerfried J.,** Status Quo und Perspektive des arbeitsvertraglichen Direktionsrechts, BB 1997, S. 1790 – 1792.

**Preis,** Der Arbeitsvertrag, Köln 2002, II D 30.

**Preis, Ulrich,** in: Dieterich/Hanau/Schaub, Erfurter Kommentar zum Arbeitsrecht, 3. Auflage München 2003, BGB 230 zu § 611 BGB, Rdn. 794 ff.

**Ring, Gerhard,** Weisungen des Arbeitgebers aufgrund seines allgemeinen arbeitsvertraglichen Direktionsrechts, BuW 1998, S. 391 – 397.

**Rolfs, Christian,** Arbeitsrechtliche Vertragsgestaltung nach der Schuldrechtsreform, ZGS 2002, S. 409 – 412.

**Rost, Friedhelm,** Die „Erweiterung des Direktionsrechts" durch Tarifvertrag, Festschrift für Thomas Dieterich 1999, S. 505 – 518.

**Schöne, Steffen,** Die Novellierung der Gewerbeordnung und die Auswirkungen auf das Arbeitsrecht, NZA 2002, S. 829 – 833.

**Schulte, Wienhold,** in: Tschöpe, Anwaltshandbuch Arbeitsrecht, 3. Auflage Köln 2003, Teil 3 A Rdnr. 14 ff.

**Stück, Volker,** Betriebsverlegung – Arbeits- und sozialrechtliche Aspekte, MDR 2001, S. 312 – 322.

**Thau, Jens T,** Direktionsrecht des Arbeitgebers – Arbeitsort, Anmerkung zu BAG vom 07.12.2000, SAE 2002, S. 56 – 59.

**Van Venrooy, Gerd J.,** Widersprüchliche Ausübung des arbeitsrechtlichen Direktionsrechts durch mehrere GmbH-Geschäftsführer, GmbHR 2001, S. 7 – 18.

**Weber, Ulrich/Ehrich, Christian,** Direktionsrecht und Änderungskündigung bei Veränderungen im Arbeitsverhältnis, BB 1996, S. 2246 – 2254 .

**Wisskirchen, Gerlind,** Novellierung arbeitsrechtlicher Vorschriften der Gewerbeordnung, DB 2002, S. 1866 – 1889.

**Zumfelde, Meinhard,** Direktionsmacht und Bermuda-Shorts – Spektakuläre Entscheidung der Cour de Cassation in Paris, NJW 2003, S. 1079 – 1080.

# Zum Autor

**Dr. Tobias Kador**
Jahrgang 1968. Studium der Rechtswissenschaften an der Universität zu Köln. Frühjahr 1999 Assessorenexamen in Bonn. 1999 bis 2001 Promotionsstipendium bei der Friedrich-Naumann-Stiftung. Promotion 2004.

Seit 2001 verschiedene Dozententätigkeiten an der Universität zu Köln und Lehrinstituten in Bonn und Hattingen. Publikationen im Bereich Arbeits- und Internetrecht. Von 2001 bis 2002 tätig als Rechtsanwalt in Bergisch-Gladbach mit dem Schwerpunkt Arbeits- und Sozialrecht. Von Herbst 2002 bis Herbst 2004 Richter an einem Arbeitsgericht; danach Wechsel an ein Sozialgericht. Ehrenamtliches Engagement in politischen und gesellschaftlichen Gremien und Ämtern. Verheiratet, vier Kinder.

Printed by Libri Plureos GmbH
in Hamburg, Germany